해봐요

맞춤법 원리로 배우는

받아쓰기 25단

siso study

듣고 읽고 쓰는 힘, 받아쓰기

받아쓰기는 어떤 활동일까요?

받아쓰기는 단어나 문장을 듣고 그 내용을 문자로 쓰는 활동입니다. 흔히 들은 것을 옮겨 쓰는 거라고 생각하기 쉽지만 그 과정은 단순하지 않습니다. 다른 사람이 말하는 단어나 문장을 듣고, 그 내용을 떠올려 의미를 해석한 뒤, 맞춤법 지식을 동원해 바르게 표기하는 과정을 거쳐야 합니다. 이 과정에서 **아이들은 소리를 구분하고 의미를 해석하며 소리와 글자 모양의 관계 규칙도 알게 됩니다.** 이처럼 받아쓰기는 다양한 언어 지식과 사고력, 문제 해결력이 동원되는 고도의 사고 활동입니다.

아이들은 왜 받아쓰기를 어려워할까요?

한글은 소리 나는 대로 쓰는 문자로, 받침 없는 글자는 비교적 쉽게 익힐 수 있습니다. 하지만 받침 글자는 소리와 표기가 다른 것이 많아서 아이들이 소리를 듣고 곧바로 맞춤법에 맞는 글자를 떠올리기가 쉽지 않습니다. **받아쓰기를 잘하려면 소리와 표기가 다른 우리말의 문법 규칙과 원리를 알아야 합니다. 아이들이 받아쓰기를 어려워하는 이유는 이러한 소리와 글자의 대응 규칙을 잘 알지 못해서**입니다. 그래서 소리와 글자의 연관성을 무시하고 소리 나는 대로 쓰거나 무조건 외워서 쓰기 때문에 받아쓰기가 어렵게 느껴지는 것입니다.

받아쓰기 학습 현실은 어떠할까요?

학교 받아쓰기는 대체로 받아쓰기 급수 평가 형태로 이루어집니다. 읽기 교과서 단원별로 틀리기 쉬운 단어나 문장을 선별하여 연습하게 한 뒤, 그것을 불러 주며 평가하는 방식입니다. 받아쓰기 급수 문제를 교과서에서 추출하다 보니 아이들의 언어 발달 단계나 맞춤법 규칙의 난이도를 고려해서 제시하기가 어렵습니다. **규칙이나 원리를 이해하는 과정 없이 무조건 외우는 방식으로 이루어지는 받아쓰기 학습**은 아이들에게 **어렵게 느껴질 뿐 아니라 학습 효율성이나 학습 효과도 떨어질 수밖에** 없습니다.

맞춤법 원리로 배우는 '받아쓰기 25단'은 어떤 교재일까요?

맞춤법 원리로 배우는 '받아쓰기 25단'은 한글 맞춤법과 표준 발음법 규정을 토대로 맞춤법 원리에 따라 만든 교재입니다. 소리와 표기 관계의 원리가 같은 것끼리 묶어서 25단계로 설계했습니다. 소리와 표기가 같은 쉬운 글자부터 시작하여 소리와 표기가 다른 겹받침 글자까지 난이도에 따라 차례로 배열했습니다. 각 단계에서는 **소리와 표기의 관계 원리를 제시**한 뒤, 그에 해당하는 **단어나 구절, 문장 등을 따라 쓰고, 골라 쓰고, 고쳐쓰는 연습**을 하고, **받아쓰기 평가** 문제로 확인하며 체계적으로 학습할 수 있도록 구성했습니다.

어떻게 공부할까요

살짝 맛보기

소리 나는 원리가 같은 낱말들을 소리 내어 읽어 보며 글자 모양과 소리의 관계를 알아봐요.

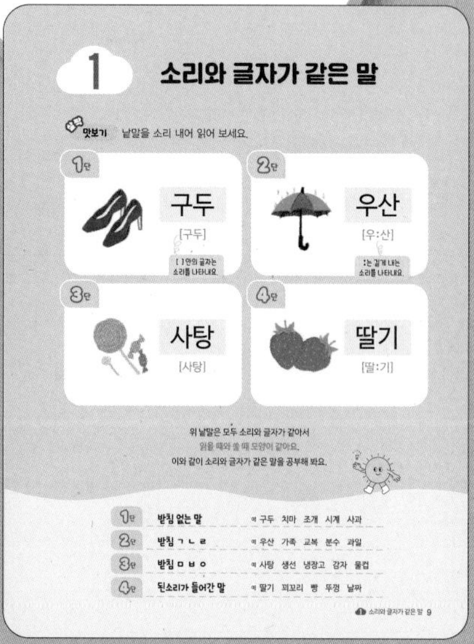

콕콕 원리 알기

낱말을 소리 내어 읽고 모양과 비교하며 소리와 글자의 대응 원리를 이해해요.

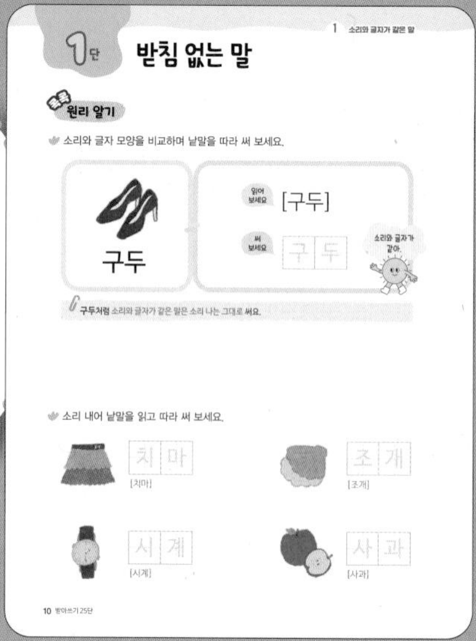

또박또박 따라 쓰기

원리가 적용되는 낱말과 구절 등을 따라 쓰며 맞춤법을 익혀요.

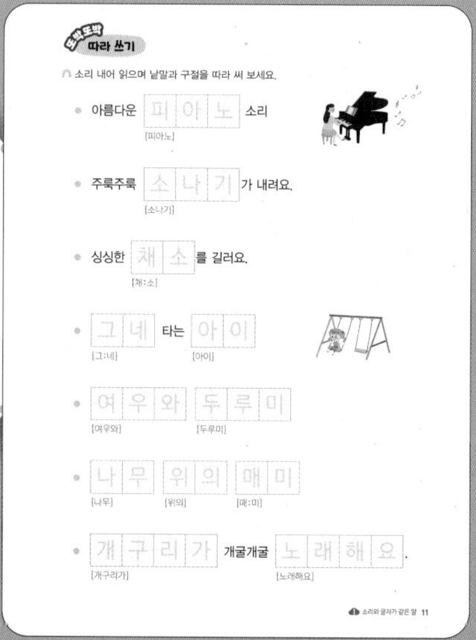

쏙쏙 골라 쓰기

척척 고쳐쓰기

맞춤법에 맞는 말을 골라 쓰거나 고쳐쓰는 문제를 통하여 실력을 다져요.

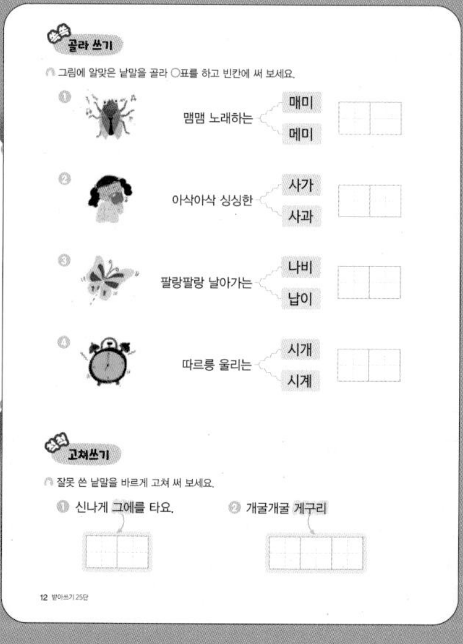

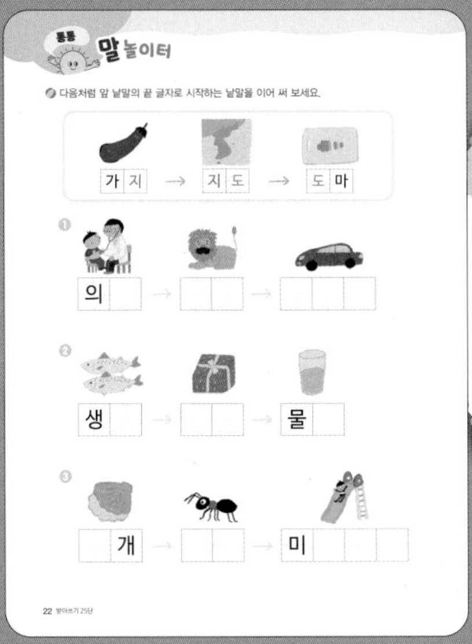

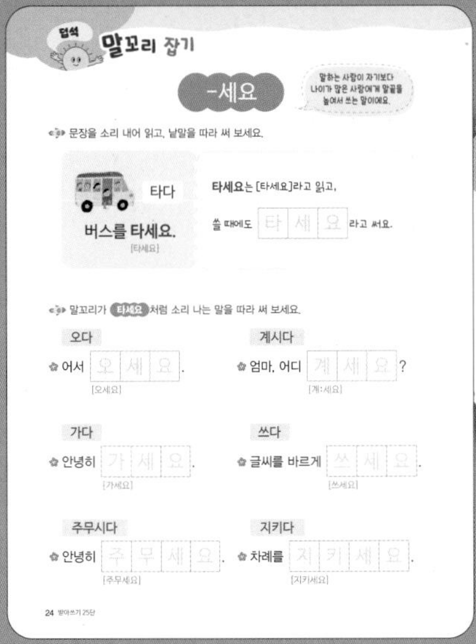

통통 말놀이터

재미있고 다양한 낱말 놀이를 통하여 맞춤법 실력과 어휘력을 키우는 활동을 해요.

단단 받아쓰기

QR 코드를 활용하여 직접 소리를 들으면서 받아쓰기를 하고, 자기 점검을 통해 학습 완성도를 높여요.

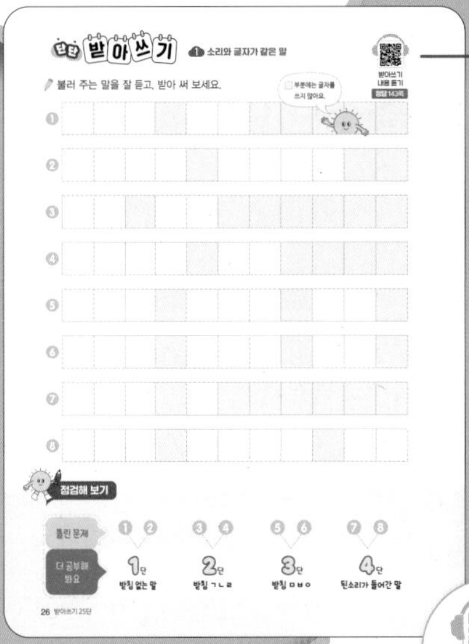

덥석 말꼬리 잡기

문장 받아쓰기에 대비할 수 있도록 말끝에 쓰이는 어휘를 유형별로 집중 연습해요.

받아쓰기 내용 듣기

QR 코드

스마트폰으로 QR 코드를 찍어 불러 주는 말을 듣고 받아쓰기 연습을 해요.

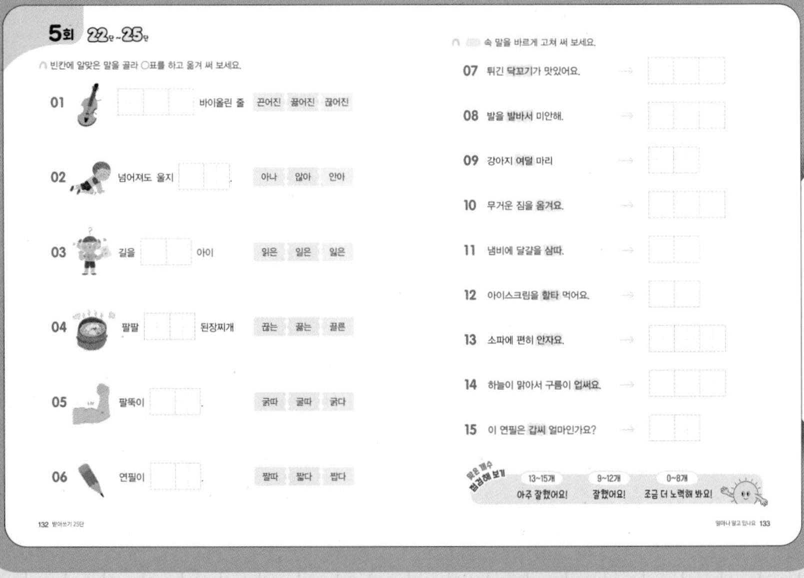

얼마나 알고 있나요

25단 학습을 모두 마친 후에는 총괄 평가를 통해 실력을 확인하고, 자기 점검을 통해 받아쓰기 학습의 완성도를 높여요.

차례

1 소리와 글자가 같은 말

살짝 맛보기 낱말을 소리 내어 읽어 보세요.

1단

구두

[구두]

[ ] 안의 글자는 소리를 나타내요.

2단

우산

[우ː산]

ː는 길게 내는 소리를 나타내요.

3단

사탕

[사탕]

4단

딸기

[딸ː기]

위 낱말은 모두 소리와 글자가 같아서
읽을 때와 쓸 때 모양이 같아요.
이와 같이 소리와 글자가 같은 말을 공부해 봐요.

1단	**받침 없는 말**	예 구두 치마 조개 시계 사과
2단	**받침 ㄱ ㄴ ㄹ**	예 우산 가족 교복 분수 과일
3단	**받침 ㅁ ㅂ ㅇ**	예 사탕 생선 냉장고 감자 물컵
4단	**된소리가 들어간 말**	예 딸기 꾀꼬리 빵 뚜껑 날짜

1단 받침 없는 말

콕콕 원리 알기

소리와 글자 모양을 비교하며 낱말을 따라 써 보세요.

구두

읽어 보세요 [구두]

써 보세요 구 두

구두처럼 소리와 글자가 같은 말은 소리 나는 그대로 **써요.**

소리 내어 낱말을 읽고 따라 써 보세요.

치 마

[치마]

조 개

[조개]

시 계

[시계]

사 과

[사과]

또박또박 따라 쓰기

소리 내어 읽으며 낱말과 구절을 따라 써 보세요.

- 아름다운 피아노 소리
  [피아노]

- 주룩주룩 소나기가 내려요.
  [소나기]

- 싱싱한 채소를 길러요.
  [채ː소]

- 그네 타는 아이
  [그ː네] [아이]

- 여우와 두루미
  [여우와] [두루미]

- 나무 위의 매미
  [나무] [위의] [매ː미]

- 개구리가 개굴개굴 노래해요.
  [개구리가] [노래해요]

쏙쏙 골라 쓰기

그림에 알맞은 낱말을 골라 ○표를 하고 빈칸에 써 보세요.

1. 

맴맴 노래하는 — 매미 / 메미

2. 

아삭아삭 싱싱한 — 사가 / 사과

3. 

팔랑팔랑 날아가는 — 나비 / 납이

4. 

따르릉 울리는 — 시개 / 시계

척척 고쳐쓰기

잘못 쓴 낱말을 바르게 고쳐 써 보세요.

1. 신나게 그에를 타요.

2. 개굴개굴 게구리

2단 받침 ㄱ ㄴ ㄹ

콕콕 원리 알기

소리와 글자 모양을 비교하며 낱말을 따라 써 보세요.

우산

읽어 보세요 [우:산]

써 보세요 우 산

우산처럼 소리와 글자가 같은 말은 소리 나는 그대로 써요.

소리 내어 낱말을 읽고 따라 써 보세요.

가 족

[가족]

교 복

[교:복]

분 수

[분:수]

과 일

[과:일]

또박또박 따라 쓰기

소리 내어 읽으며 낱말과 구절을 따라 써 보세요.

- 둥글둥글 노란 호박 [호:박]

- 엉금엉금 기어가는 거북 [거북]

- 새콤달콤한 오렌지 [오렌지]

- 뚜벅뚜벅 계단을 올라가요. [계단]
- 친구에게 줄 생일 선물 [친구에게] [선:물]
- 식탁 위의 식초 [식탁] [위의] [식초]
- 달리는 마라톤 선수 [달리는] [마라톤] [선:수]

쏙쏙 골라 쓰기

그림에 알맞은 낱말을 골라 ○표를 하고 빈칸에 써 보세요.

❶ 

나풀거리는 — 머리카락 / 머리카락

❷ 

맛있는 — 전역 / 저녁 — 식사

❸ 

즐겁게 — 유치언 / 유치원 — 에 가요.

❹ 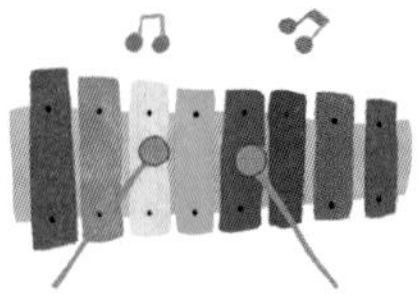

딩동댕 울리는 — 실로폰 / 신노폰

척척 고쳐쓰기

잘못 쓴 낱말을 바르게 고쳐 써 보세요.

❶ 생일 섬물을 받아요.

❷ 새콤달콤 오랜지

3단 받침 ㅁ ㅂ ㅇ

콕콕 원리 알기

소리와 글자 모양을 비교하며 낱말을 따라 써 보세요.

사탕

읽어 보세요 [사탕]

써 보세요 사 탕

사탕처럼 소리와 글자가 같은 말은 소리 나는 그대로 **써요.**

소리 내어 낱말을 읽고 따라 써 보세요.

생 선

[생선]

냉 장 고

[냉:장고]

감 자

[감자]

물 컵

[물컵]

또박또박 따라 쓰기

소리 내어 읽으며 낱말과 구절을 따라 써 보세요.

- 어미 소와 송아지
  [송아지]

- 도레미파솔라시는 계이름이지요.
  [계이름]

- 헤엄치는 강아지
  [헤엄] [강아지]

- 고소한 참기름 냄새
  [참기름] [냄ː새]

- 콩나물 잡채를 냠냠
  [콩나물] [잡채] [냠냠]

- 다람쥐 모양의 구름이 둥실
  [다람쥐] [구름] [둥실]

- 지갑 속에 든 동전 일곱 개
  [지갑] [동전] [일곱]

쏙쏙 골라 쓰기

빈칸에 알맞은 말을 ( ) 에서 골라 써 보세요.

톱　　솜　　양　　동

1.  달콤하고 부드러운 □ 사탕

2.  야옹야옹 귀여운 고□이

3.  부릉부릉 달리는 자□차

4.  길게 자란 손□ 다듬기

척척 고쳐쓰기

잘못 쓴 낱말을 바르게 고쳐 써 보세요.

1. 고소한 찬기름 냄새

□□□

2. 지갑 속에 든 동전

□□

4단 된소리가 들어간 말

콕콕 원리 알기

소리와 글자 모양을 비교하며 낱말을 따라 써 보세요.

딸기

읽어 보세요 [딸ː기]

써 보세요 딸 기

딸기처럼 소리와 글자가 같은 말은 소리 나는 그대로 **써요.**

소리 내어 낱말을 읽고 따라 써 보세요.

꾀 꼬 리

[꾀꼬리]

빵

[빵]

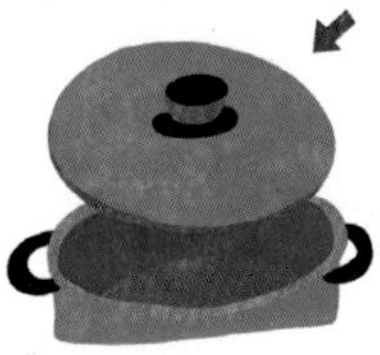

뚜 껑

[뚜껑]

날 짜

[날짜]

또박또박 따라 쓰기

소리 내어 읽으며 낱말과 구절을 따라 써 보세요.

- 휴지는 쓰레기통에 버려요.
  [쓰레기통]

- 맵고 뜨거운 김치찌개
  [김치찌개]

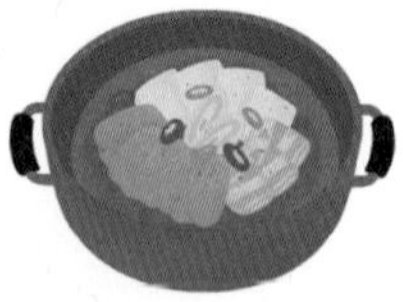

- 물방울무늬 머리띠
  [머리띠]

- 왱왱왱 꿀벌이 날아가요.
  [꿀벌]

- 짝짝짝 손뼉을 쳐요.
  [짝짝짝] [손뼉]

- 또박또박 예쁜 글씨
  [또박또박] [예ː쁜] [글씨]

- 아빠 어깨 위의 꼬마
  [아빠] [어깨] [꼬마]

쏙쏙 골라 쓰기

빈칸에 알맞은 말을 (보기)에서 골라 써 보세요.

빨	끼	끄	뚜

① 
펄쩍펄쩍 뛰는 메☐기

② 
코☐리가 어슬렁어슬렁

③ 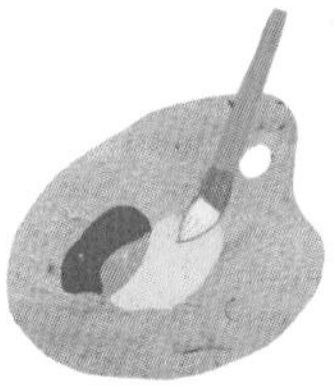
☐간색, 노란색, 알록달록 예쁜 색

④ 
미끌미끌 신나게 미☐럼틀 타기

척척 고쳐쓰기

잘못 쓴 낱말을 바르게 고쳐 써 보세요.

① 오늘 날자가 며칠이에요?

☐☐

② 짝짝짝 손벽 치기

☐☐

통통 말놀이터

다음처럼 앞 낱말의 끝 글자로 시작하는 낱말을 이어 써 보세요.

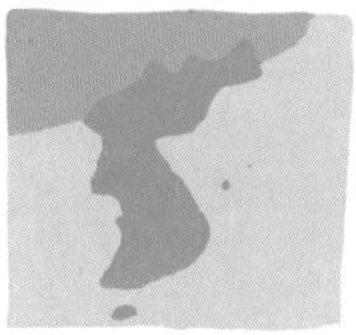
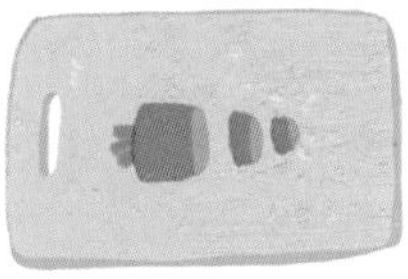

가지 → 지도 → 도마

①

의 → →

②

생 → → 물

③

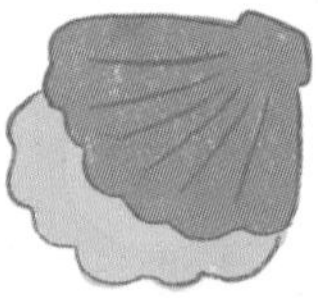

개 → → 미

● 받침을 넣으면 어떤 낱말이 될까요? 다음처럼 알맞은 글자에 ○표를 하고 빈칸에 받침을 넣은 낱말을 써 보세요.

ㅇ 받침을 넣으면
고약한 냄새가 나는 것은?

따 코 (또)

+ ㅇ → 똥

1

ㄴ 받침을 넣으면
물건을 살 수 있는 것은?

노 도 소

+ ㄴ →

2

ㄹ 받침을 넣으면
반짝반짝 빛나는 것은?

벼 마 파

+ ㄹ →

3

ㅂ 받침을 넣으면
먹을 수 있게 되는 것은?

사 바 토

+ ㅂ →

덥석 말꼬리 잡기

-세요

말하는 사람이 자기보다 나이가 많은 사람에게 말끝을 높여서 쓰는 말이에요.

문장을 소리 내어 읽고, 낱말을 따라 써 보세요.

타다

버스를 **타세요.**

[타세요]

타세요는 [타세요]라고 읽고,

쓸 때에도 | 타 | 세 | 요 | 라고 써요.

말꼬리가 **타세요** 처럼 소리 나는 말을 따라 써 보세요.

오다

✿ 어서 | 오 | 세 | 요 | .

[오세요]

계시다

✿ 엄마, 어디 | 계 | 세 | 요 | ?

[계ː세요]

가다

✿ 안녕히 | 가 | 세 | 요 | .

[가세요]

쓰다

✿ 글씨를 바르게 | 쓰 | 세 | 요 | .

[쓰세요]

주무시다

✿ 안녕히 | 주 | 무 | 세 | 요 | .

[주무세요]

지키다

✿ 차례를 | 지 | 키 | 세 | 요 | .

[지키세요]

-워요

'춥다, 덥다, 맵다' 같은 말끝에 '-요'를 붙일 때 쓰는 말이에요.

문장을 소리 내어 읽고, 낱말을 따라 써 보세요.

춥다

날씨가 추워요.

[추워요]

추워요는 [추워요]라고 읽고,

쓸 때에도 | 추 | 워 | 요 | 라고 써요.

말꼬리가 **추워요** 처럼 소리 나는 말을 따라 써 보세요.

덥다

날씨가 | 더 | 워 | 요 |.

[더워요]

맵다

고추가 | 매 | 워 | 요 |.

[매워요]

두껍다

책이 | 두 | 꺼 | 워 | 요 |.

[두꺼워요]

가볍다

가방이 | 가 | 벼 | 워 | 요 |.

[가벼워요]

가깝다

집이 | 가 | 까 | 워 | 요 |.

[가까워요]

차갑다

물이 | 차 | 가 | 워 | 요 |.

[차가워요]

받아쓰기 내용 듣기

정답 143쪽

불러 주는 말을 잘 듣고, 받아 써 보세요.

▢ 부분에는 글자를 쓰지 않아요.

1
2
3
4
5
6
7
8

점검해 보기

틀린 문제	1 2	3 4	5 6	7 8
더 공부해 봐요	1단 받침 없는 말	2단 받침 ㄱ ㄴ ㄹ	3단 받침 ㅁ ㅂ ㅇ	4단 된소리가 들어간 말

2 받침이 뒷말의 첫소리로 소리 나는 말

살짝 맛보기 낱말을 소리 내어 읽어 보세요.

5단

국어

[구거]

6단

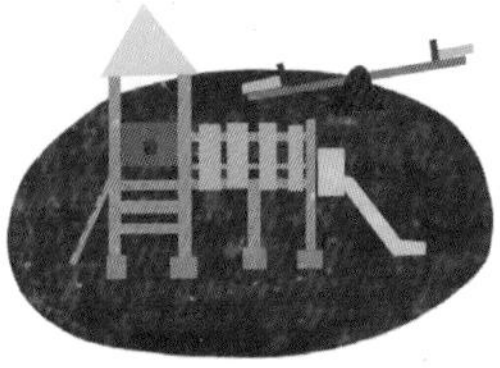

놀이터

[노리터]

7단

웃음

[우슴]

8단

묶음

[무끔]

위 낱말은 모두 첫 글자의 받침 뒤에 모음으로 시작하는 글자가 있어요. 이런 말은 읽을 때 받침이 뒷말의 첫소리로 소리 나요. 이런 말을 공부해 봐요.

5단	받침 ㄱ ㄴ	예 국어 낙엽 학용품 한옥 건어물
6단	받침 ㄷ ㄹ ㅁ ㅂ	예 놀이터 낟알 걸음 음악 밥알
7단	받침 ㅅ ㅈ ㅊ ㅋ ㅌ ㅍ	예 웃음 책꽂이 맞은편 높이 깊이
8단	받침 ㄲ ㅆ	예 묶음 닦아요 볶아요 있어요 쌌어요

5단 받침 ㄱ ㄴ

콕콕 원리 알기

다음과 같이 소리 나는 것은 어떤 낱말일까요? 알맞은 낱말에 ○표를 해 보세요.

[구거]

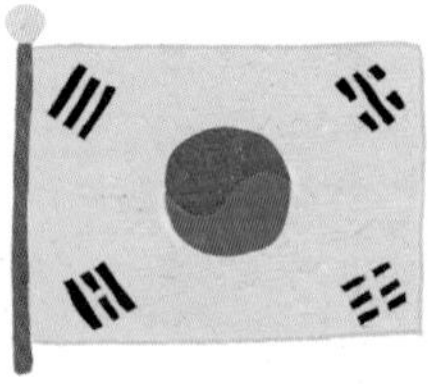

국기

국어

국어처럼 ㄱ 받침 뒤에 모음이 오면 ㄱ이 뒷말의 첫소리로 옮겨져 [구거]로 소리 나요. 하지만 쓸 때에는 받침을 원래 있던 자리에 그대로 써요.
문어[무너]처럼 ㄴ 받침 뒤에 모음이 올 때에도 받침을 원래 있던 자리에 그대로 써요.

소리 내어 낱말을 읽고 따라 써 보세요.

낙	엽

[나겹]

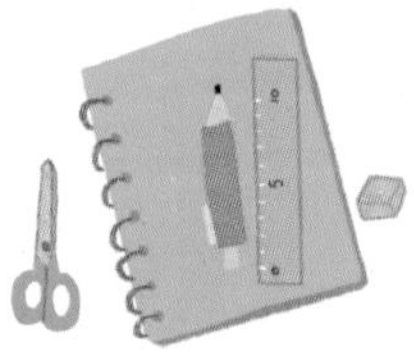

학	용	품

[하공품]

한	옥

[하ː녹]

건	어	물

[거너물]

또박또박 따라 쓰기

소리 내어 읽으며 낱말과 구절을 따라 써 보세요.

- 국이 뜨거워요.
  [구기]

- 머리카락을 잘라요.
  [머리카라글]

- 높은 산에 올라가요.
  [사네]

- 손이 작아요.
  [소니] [자:가요]

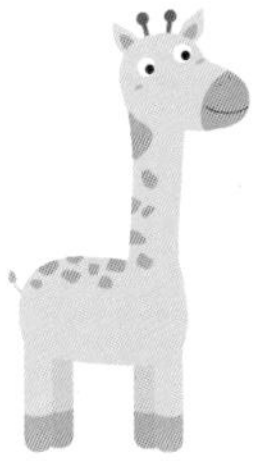

- 기린은 목이 길구나!
  [기리는] [모기]

- 달력을 벽에 걸자.
  [달려글] [벼게]

- 저녁에 먹은 불고기
  [저녀게] [머근]

쏙쏙 골라 쓰기

그림에 알맞은 말을 [ ]에서 골라 ○표를 하고 빈칸에 써 보세요.

❶ 

간시글 | 간식을

맛있는 [ ] 먹는 시간

❷ 

방하글 | 방학을

며칠만 지나면 [ ] 해요.

❸ 

레몬으로 | 레모느로

[ ] 만든 새콤한 주스

❹ 

오른소늘 | 오른손을

머리 위로 [ ] 올려요.

척척 고쳐쓰기

잘못 쓴 말을 바르게 고쳐 써 보세요.

❶ 아기 소니 작아요.

❷ 문구점에서 하공품을 사요.

6단 받침 ㄷ ㄹ ㅁ ㅂ

콕콕 원리 알기

다음과 같이 소리 나는 것은 어떤 낱말일까요? 알맞은 낱말에 ○표를 해 보세요.

[노리터]

노루털

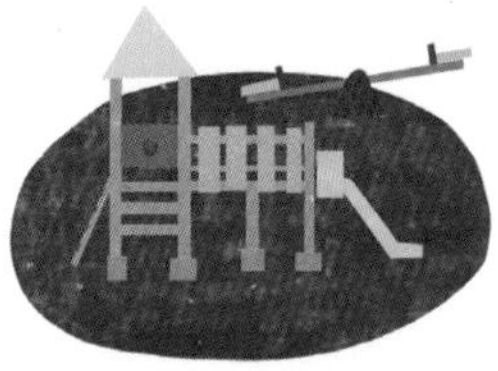

놀이터

놀이터처럼 ㄹ 받침 뒤에 모음이 오면 ㄹ이 뒷말의 첫소리로 옮겨져 [노리터]로 소리 나요. 하지만 쓸 때에는 받침을 원래 있던 자리에 그대로 써요.
낟알[나ː달], **음악**[으막], **밥알**[바발]처럼 ㄷ, ㅁ, ㅂ 받침 뒤에 모음이 올 때에도 받침을 원래 있던 자리에 그대로 써요.

소리 내어 낱말을 읽고 따라 써 보세요.

낟알
[나ː달]

걸음
[거름]

음악
[으막]

밥알
[바발]

또박또박 따라 쓰기

소리 내어 읽으며 낱말과 구절을 따라 써 보세요.

- 새싹이 돋아나요.
  [도다나요]

- 문을 닫아 주세요.
  [다다]

- 무지개색 양말을 신어요.
  [양마를]

- 엄마 심부름을 해 줄래?
  [심ː부르믈]

- 꿈에 과일을 먹었어.
  [꾸메] [과ː이를]

- 시럽을 뿌릴까, 케첩을 뿌릴까?
  [시러블] [케처블]

- 생일 선물을 받아서 기뻐요.
  [선ː무를] [바다서]

쏙쏙 골라 쓰기

그림에 알맞은 말을 [:]에서 골라 ○표를 하고 빈칸에 써 보세요.

1 

무든 : 묻은

미끌미끌 기름이 [ ] 손

2 

길어요 : 기러요

바지 길이가 [ ].

3 

부리 : 불이

환하게 [ ] 켜진 창문

4 

바람이 : 바라미

시원한 [ ] 불어요.

척척 고쳐쓰기

잘못 쓴 말을 바르게 고쳐 써 보세요.

1 엄마 심부르를 했어요.

[ ]

2 노란색 양마를 신어요.

[ ]

7단 받침 ㅅ ㅈ ㅊ ㅋ ㅌ ㅍ

콕콕 원리 알기

다음과 같이 소리 나는 것은 어떤 낱말일까요? 알맞은 낱말에 ○표를 해 보세요.

[우슴]

웃음

울음

웃음처럼 ㅅ 받침 뒤에 모음이 오면 ㅅ이 뒷말의 첫소리로 옮겨져 [우슴]으로 소리 나요. 하지만 쓸 때에는 받침을 원래 있던 자리에 그대로 써요.
책꽂이[책꼬지], **꽃이**[꼬치], **부엌에**[부어케], **끝에**[끄테], **깊이**[기피]처럼 ㅈ, ㅊ, ㅋ, ㅌ, ㅍ 받침 뒤에 모음이 올 때에도 받침을 원래 있던 자리에 그대로 써요.

소리 내어 낱말을 읽고 따라 써 보세요.

책	꽂	이

[책꼬지]

맞	은	편

[마즌편]

높	이

[노피]

깊	이

[기피]

또박또박 따라 쓰기

소리 내어 읽으며 낱말과 구절을 따라 써 보세요.

- 연못에서 헤엄치는 오리 가족
  [연모세서]

- 어른들께는 높임말을 써요.
  [노핌마를]

- 아빠가 부엌을 청소해요.
  [부어클]

- 반짝반짝 빛이 나는 눈동자
  [비치]

- 풀밭에서 무릎을 다쳤어요.
  [풀바테서] [무르플]

- 맞은편에 숲이 있어요.
  [마즌펴네] [수피]

- 헝겊으로 꽃을 만들어요.
  [헝:거프로] [꼬츨]

쏙쏙 골라 쓰기

그림에 알맞은 말을 줄로 이은 뒤, 맞는 말을 빈칸에 써 보세요.

1

주사를 • • 마자요.
• 맞아요.

2

이불을 • • 덮어요.
• 더퍼요.

3

저기가 • • 부엌이야.
• 부어키야.

4

이것이 • • 비오시야.
• 비옷이야.

척척 고쳐쓰기

잘못 쓴 말을 바르게 고쳐 써 보세요.

1 어른들께는 노핌말을 써요.

2 반짝반짝 비치 나요.

8단 쌍받침 ㄲ ㅆ

콕콕 원리 알기

다음과 같이 소리 나는 것은 어떤 낱말일까요? 알맞은 낱말에 ○표를 해 보세요.

[무끔]

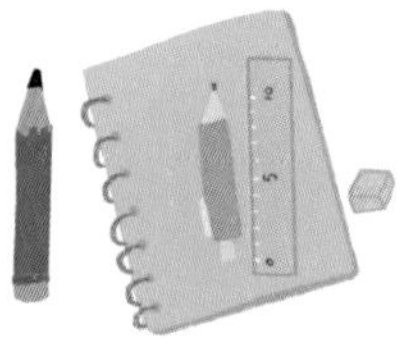

문구

묶음

묶음처럼 ㄲ 받침 뒤에 모음이 오면 ㄲ이 뒷말의 첫소리로 옮겨져 [무끔]으로 소리 나요. 하지만 쓸 때에는 받침을 원래 있던 자리에 그대로 써요.
있어요[이써요]처럼 ㅆ 받침 뒤에 모음이 올 때에도 받침을 원래 있던 자리에 그대로 써요.

소리 내어 낱말을 읽고 따라 써 보세요.

닦	아	요

[다까요]

볶	아	요

[보까요]

있	어	요

[이써요]

쌌	어	요

[싸써요]

또박또박 따라 쓰기

소리 내어 읽으며 낱말과 구절을 따라 써 보세요.

- 연필을 깎아요.
  [까까요]

- 운동화 끈을 묶어요.
  [무꺼요]

- 창밖에 주룩주룩 비가 와요.
  [창바께]

- 기차 타고 여행을 갔어요.
  [가써요]

- 채소를 볶아 볶음밥을 만들자.
  [보까] [보끔밥]

- 콩을 섞어 밥을 지었어요.
  [서꺼] [지어써요]

- 교실 밖에서 공을 찼어요.
  [바께서] [차써요]

쏙쏙 골라 쓰기

그림에 알맞은 낱말을 줄로 이은 뒤, 맞는 낱말을 빈칸에 써 보세요.

1 

이를 ● ● 다까요. / ● 닦아요.

2 

손톱을 ● ● 까까요. / ● 깎아요.

3 

글씨를 ● ● 썼어요. / ● 써써요.

4 

버스를 ● ● 타써요. / ● 탔어요.

척척 고쳐쓰기

잘못 쓴 낱말을 바르게 고쳐 써 보세요.

1 공을 발로 차써요.

2 연필을 까까요.

통통 말 놀이터

다음처럼 낱말의 첫 글자와 끝 글자를 모아 새로운 낱말을 만들어 보세요.

국 자 + 문 어 → 국 어

❶ 군 밤 + 거 인 → ☐☐

❷ 녹 색 + 웃 음 → ☐☐

❸ 한 글 + 치 약 → ☐☐

❹ 걸 레 + 울 음 → ☐☐

받침을 넣으면 어떤 낱말이 될까요? 다음처럼 빈칸에 알맞은 낱말을 써 보세요.

비 / 부 — ㅅ 받침을 넣으면

머리를 빗는 물건이 돼요. 빗

그림을 그릴 수 있는 물건이 돼요. 붓

바 / 파 — ㅌ 받침을 넣으면

1 바 — 채소나 곡식이 자라는 땅이 돼요. ☐☐

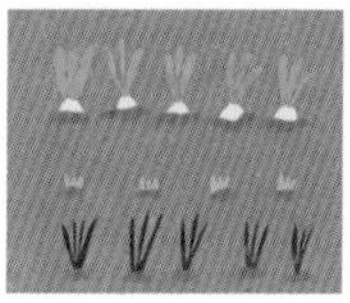

2 파 — 동글동글한 자주색 곡식이 돼요. ☐☐

수 / 이 — ㅍ 받침을 넣으면

3 수 — 나무가 우거진 곳이 돼요. ☐☐

4 이 — 나뭇가지 끝에 달린 녹색 부분이 돼요. ☐☐

비 / 수 — ㅊ 받침을 넣으면

5 비 — 사물을 밝게 비추는 것이 돼요. ☐☐

6 수 — 나무가 타서 까맣게 된 물건이 돼요. ☐☐

덥석 **말꼬리 잡기**

-ㄹ게요

말하는 사람이 자기보다 나이가 많은 사람에게 어떤 행동을 할 것을 약속하거나 그런 마음을 나타낼 때 쓰는 말이에요.

문장을 소리 내어 읽고, 낱말을 따라 써 보세요.

타다

자전거를 탈게요.
[탈께요]

탈게요는 ㄹ 받침의 뒷말 첫소리인 ㄱ이 된소리로 소리 나므로 [탈께요]라고 읽어요.

하지만 쓸 때에는 | 탈 | 게 | 요 | 라고 써요.

말꼬리가 **탈게요** 처럼 소리 나는 말을 따라 써 보세요.

하다

제가 | 할 | 게 | 요 |.
[할께요]

오다

곧 | 올 | 게 | 요 |.
[올께요]

자다

먼저 | 잘 | 게 | 요 |.
[잘께요]

쓰다

글씨를 잘 | 쓸 | 게 | 요 |.
[쓸께요]

차다

공을 | 찰 | 게 | 요 |.
[찰께요]

지키다

차례를 | 지 | 킬 | 게 | 요 |.
[지킬께요]

-ㄹ 거야

말하는 사람이 자기보다 나이가 어리거나 같은 사람에게 어떤 행동을 할 것을 약속하거나 그런 마음을 나타낼 때 쓰는 말이에요.

문장을 소리 내어 읽고, 말을 따라 써 보세요.

가다

학교에 갈 거야.

[갈꺼야]

갈 거야는 ㄹ 받침의 뒷말 첫소리인 ㄱ이 된소리로 소리 나므로 [갈꺼야]라고 읽어요.

하지만 쓸 때에는 | 갈 | | 거 | 야 | 라고 써요.

'거야'는 앞말과 띄어 써야 하는 것에 주의해.

말꼬리가 갈 거야 처럼 소리 나는 말을 따라 써 보세요.

하다

내가 | 할 | | 거 | 야 |.

[할꺼야]

주다

너에게 | 줄 | | 거 | 야 |.

[줄꺼야]

오다

곧 | 올 | | 거 | 야 |.

[올꺼야]

쓰다

글씨를 | 쓸 | | 거 | 야 |.

[쓸꺼야]

자다

일찍 | 잘 | | 거 | 야 |.

[잘꺼야]

보다

영화를 | 볼 | | 거 | 야 |.

[볼꺼야]

단단 받아쓰기

2 받침이 뒷말의 첫소리로 소리 나는 말

받아쓰기 내용 듣기

정답 143쪽

불러 주는 말을 잘 듣고, 받아 써 보세요.

1

2

3

4

5

6

7

8

점검해 보기

틀린 문제	1 2	3 4	5 6	7 8
더 공부해 봐요	5단 받침 ㄱ ㄴ	6단 받침 ㄷ ㄹ ㅁ ㅂ	7단 받침 ㅅ ㅈ ㅊ ㅋ ㅌ ㅍ	8단 쌍받침 ㄲ ㅆ

3 받침이 대표 소리로 소리 나는 말

살짝 맛보기 낱말을 소리 내어 읽어 보세요.

9단

부엌

[부억]

10단

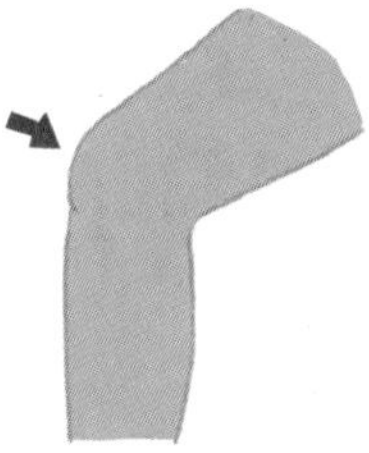

무릎

[무릅]

11단

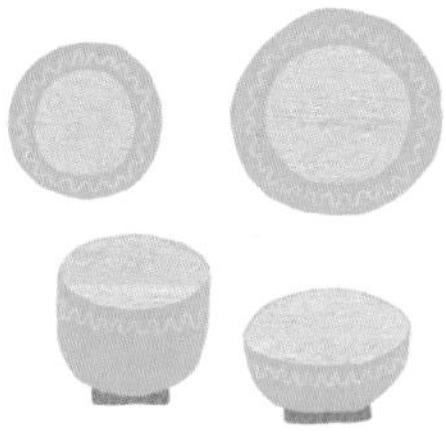

그릇

[그름]

위 낱말은 모두 받침이 대표 소리로 소리 나요.
받침 ㄲ, ㅋ의 대표 소리는 [ㄱ]이고,
받침 ㅍ의 대표 소리는 [ㅂ]이고,
받침 ㅅ, ㅈ, ㅊ, ㅌ의 대표 소리는 [ㄷ]이에요.
이렇게 받침이 대표 소리로 소리 나는 말을 공부해 봐요.

9단	대표 소리 [ㄱ] - 받침 ㄲ ㅋ	예 부엌 들녘 새벽녘 낚시 문밖
10단	대표 소리 [ㅂ] - 받침 ㅍ	예 무릎 숲 덮밥 앞치마 짚신
11단	대표 소리 [ㄷ] - 받침 ㅅ ㅈ ㅊ ㅌ	예 그릇 옷 대낮 꽃 풀밭

9단 대표 소리 [ㄱ] - 받침 ㄲ ㅋ

콕콕 원리 알기

다음과 같이 소리 나는 것은 어떤 낱말일까요? 알맞은 낱말에 ○표를 해 보세요.

[부억]

부엉

부엌

ㅋ이 받침에 쓰이면 대표 소리 [ㄱ]으로 소리 나요. 따라서 **부엌**은 [부억]으로 소리 나지만, 쓸 때에는 ㅋ 받침을 그대로 써요.

ㄲ도 받침에 쓰이면 **밖**[박]처럼 [ㄱ]으로 소리 나지만, 쓸 때에는 ㄲ 받침을 그대로 써요.

소리 내어 낱말을 읽고 따라 써 보세요.

들녘

[들ː력]

새벽녘

[새병녁]

낚시

[낙씨]

문밖

[문박]

또박또박 따라 쓰기

소리 내어 읽으며 낱말과 구절을 따라 써 보세요.

- 펄펄 눈 내리는 창밖 풍경
  [창박]

- 해가 떠오르는 동녘 하늘
  [동녁]

- 벼가 익어 가는 누런 들녘
  [들ː력]

- 연필깎이로 연필을 깎다.
  [깍따]

- 유리창을 닦고 창틀도 닦자.
  [닥꼬] [닥짜]

- 물은 섞지 말고 볶기만 하세요.
  [석찌] [복끼만]

- 저물녘까지 낚시를 해요.
  [저물력까지] [낙씨를]

쏙쏙 골라 쓰기

밑줄 친 낱말을 바르게 고친 것을 [ ]에서 골라 빈칸에 써 보세요.

동녘	동녕	부엉	부엌
밖	박	다끼	닦기

1. 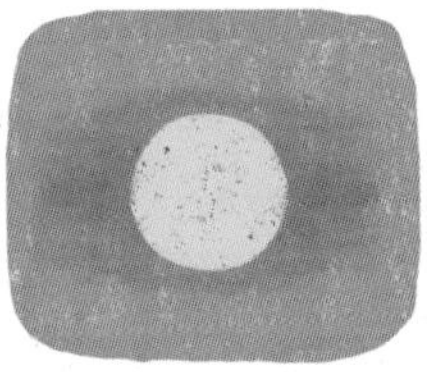

   동녁 하늘에 해가 떠오르고 있어요.

2. 

   아빠는 부엌 청소를 하고 계신다.

3. 

   강아지가 대문 밬으로 나가 버렸어요.

4. 

   음식을 먹은 뒤에는 이 닥기를 해요.

척척 고쳐쓰기

잘못 쓴 낱말을 바르게 고쳐 써 보세요.

1. 들력에서 벼가 익어 가요.
2. 엄마는 낙시를 좋아해요.

10단 대표 소리 [ㅂ] - 받침 ㅍ

콕콕 원리 알기

다음과 같이 소리 나는 것은 어떤 낱말일까요? 알맞은 낱말에 ○표를 해 보세요.

[무릅]

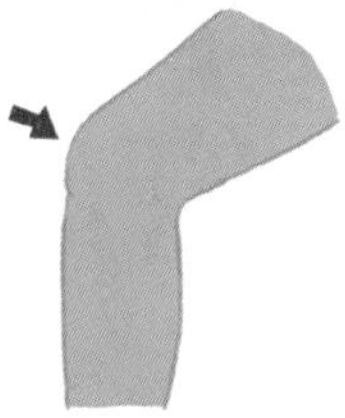

무릎

물음

ㅍ이 받침에 쓰이면 대표 소리 [ㅂ]으로 소리 나요. 따라서 **무릎**은 [무릅]으로 소리 나지만, 쓸 때에는 ㅍ 받침을 그대로 써요.

소리 내어 낱말을 읽고 따라 써 보세요.

숲

[숩]

덮밥

[덥빱]

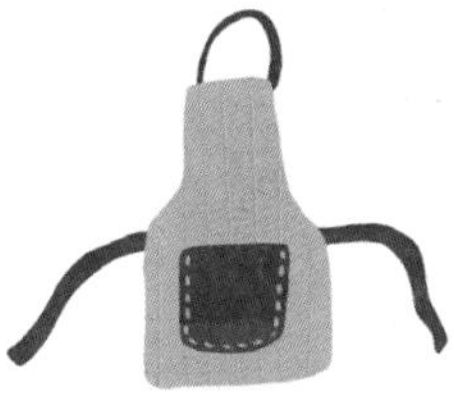

앞치마

[압치마]

짚신

[집씬]

또박또박 따라 쓰기

소리 내어 읽으며 낱말과 구절을 따라 써 보세요.

- 헝겊 조각으로 인형을 만들어요.
  [헝ː겁]

- 얼룩무늬가 있는 앞발
  [압빨]

- 늪지대에 사는 악어
  [늡찌대]

- 우리 옆집에 사는 내 친구
  [엽찌베]

- 옆 사람과 옆구리 운동하기
  [엽싸람] [엽꾸리]

- 잎사귀가 팔랑대는 나무숲
  [입싸귀가] [나무숩]

- 앞쪽으로 내민 무릎
  [압쪼그로] [무릅]

쏙쏙 골라 쓰기

밑줄 친 낱말을 바르게 고친 것을 [ ] 에서 골라 빈칸에 써 보세요.

숫속	숲속	앞발	압발
덮밥	덥밥	무릏	무릎

❶ 
숩속에서 새소리가 들려요.

❷ 
나비를 잡으려고 압발을 휘저어요.

❸ 
소고기 덥밥이 맛있어요.

❹ 
무릅까지 오는 치마 길이

척척 고쳐쓰기

잘못 쓴 낱말을 바르게 고쳐 써 보세요.

❶ 압치마 입고 요리하기

❷ 헝겊 조각으로 만든 인형

11단 대표 소리 [ㄷ] - 받침 ㅅ ㅈ ㅊ ㅌ

콕콕 원리 알기

다음과 같이 소리 나는 것은 어떤 낱말일까요? 알맞은 낱말에 ○표를 해 보세요.

[그른]

그늘

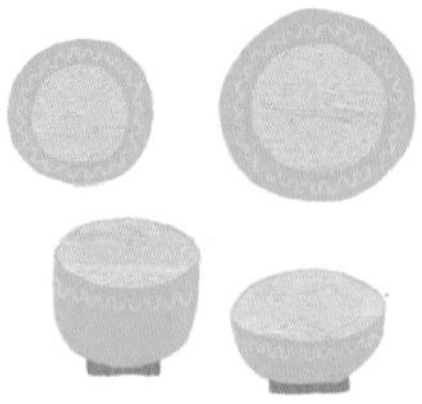
그릇

ㅅ이 받침에 쓰이면 대표 소리 [ㄷ]으로 소리 나요. 따라서 **그릇**은 [그른]으로 소리 나지만, 쓸 때에는 ㅅ 받침을 그대로 써요.

ㅈ, ㅊ, ㅌ도 받침에 쓰이면 **대낮**[대ː낟], **꽃**[꼳], **발끝**[발끋]처럼 [ㄷ]으로 소리 나지만, 원래 받침을 그대로 써요.

소리 내어 낱말을 읽고 따라 써 보세요.

옷
[옫]

대낮
[대ː낟]

꽃
[꼳]

풀밭
[풀받]

또박또박 따라 쓰기

소리 내어 읽으며 낱말과 구절을 따라 써 보세요.

- 화려한 공작새의 깃털
  [긷털]

- 쾅쾅쾅 못 박는 소리
  [몯]

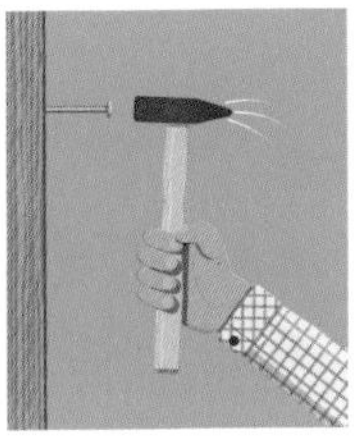

- 숯불갈비를 먹고 싶어요.
  [숟뿔갈비]

- 곰이 그려진 책의 겉표지
  [걷표지]

- 초콜릿 맛이 나는 비스킷
  [초콜릳] [비스킫]

- 벚꽃 핀 나무 아래에서 낮잠 자기
  [벋꼳] [낟짬]

- 파릇파릇 색이 고운 잔디밭
  [파른파른] [잔디받]

쏙쏙 골라 쓰기

그림에 알맞은 말을 [ ]에서 골라 ○표를 하고 빈칸에 써 보세요.

❶ 

밥쏱 | 밥솥

밥이 가득 들어 있는 [   ]

❷ 

밑줄 | 밋쭐

중요한 내용에 [   ]을 그어요.

❸ 

납추어 | 낮추어

온도를 좀 더 [   ] 주세요.

❹ 

가김치 | 갓김치

[   ]가 맛있게 익었어요.

척척 고쳐쓰기

잘못 쓴 낱말을 바르게 고쳐 써 보세요.

❶ 아름다운 벋꽂이 피었어요. → [   ]

❷ 새의 기털이 아름답구나! → [   ]

통통 말놀이터

다음처럼 낱말 수수께끼의 답을 골라 ○표를 하고 빈칸에 써 보세요.

짠맛이 나는 금은?

저금
(소금)

→ 소 | 금

❶

마시지 못하는 물은?

나물
맹물

→ □□

❷

먹지 못하는 파는?

대파
소파

→ □□

❸

귀에 붙어 있는 개는?

귀마개
병따개

→ □□□

-았다 / -었다

어떤 일이 과거에 있었거나 그 일이 지금까지 계속되는 경우에 쓰는 말이에요.

문장을 소리 내어 읽고, 낱말을 따라 써 보세요.

받다

상을 받았다.

[바닫따]

받았다는 ㄷ 받침이 뒷말 첫소리로, ㅆ 받침은 [ㄷ]으로, ㅆ 받침의 뒷말 첫소리는 된소리로 소리 나므로 [바닫따]라고 읽어요.

하지만 쓸 때에는 | 받 | 았 | 다 | 라고 써요.

말꼬리가 **받았다** 처럼 소리 나는 말을 따라 써 보세요.

감다

눈을 | 감 | 았 | 다 |.

[가맏따]

들다

가방을 | 들 | 었 | 다 |.

[드럳따]

막다

길을 | 막 | 았 | 다 |.

[마갇따]

먹다

밥을 | 먹 | 었 | 다 |.

[머걷따]

잡다

손을 | 잡 | 았 | 다 |.

[자받따]

접다

종이를 | 접 | 었 | 다 |.

[저벋따]

-웠다

'덥다, 춥다, 맵다' 같은 말이 쓰이는 상황이 과거에 일어난 경우에 쓰는 말이에요.

문장을 소리 내어 읽고, 낱말을 따라 써 보세요.

덥다

날씨가 더웠다.

[더원따]

더웠다는 ㅆ 받침이 [ㄷ]으로, 받침의 뒷말 첫 소리인 ㄷ이 된소리로 소리 나므로 [더원따]라고 읽어요.

하지만 쓸 때에는 | 더 | 웠 | 다 | 라고 써요.

말꼬리가 **더웠다** 처럼 소리 나는 말을 따라 써 보세요.

춥다

날씨가 | 추 | 웠 | 다 |.

[추원따]

가볍다

상자가 | 가 | 벼 | 웠 | 다 |.

[가벼원따]

굽다

생선을 | 구 | 웠 | 다 |.

[구원따]

가깝다

시장이 | 가 | 까 | 웠 | 다 |.

[가까원따]

더럽다

손이 | 더 | 러 | 웠 | 다 |.

[더:러원따]

고맙다

친구가 | 고 | 마 | 웠 | 다 |.

[고:마원따]

단단 받아쓰기

3 받침이 대표 소리로 소리 나는 말

받아쓰기 내용 듣기

정답 143쪽

불러 주는 말을 잘 듣고, 받아 써 보세요.

1											
2								.			
3									.		
4											
5								.			
6										.	
7											
8									.		

점검해 보기

틀린 문제	1 2	3 4 5	6 7 8
더 공부해 봐요	9단 대표 소리 [ㄱ] - 받침 ㄲ ㅋ	10단 대표 소리 [ㅂ] - 받침 ㅍ	11단 대표 소리 [ㄷ] - 받침 ㅅ ㅈ ㅊ ㅌ

4 받침의 뒷말 첫소리가 된소리로 소리 나는 말

살짝 맛보기 낱말을 소리 내어 읽어 보세요.

12단

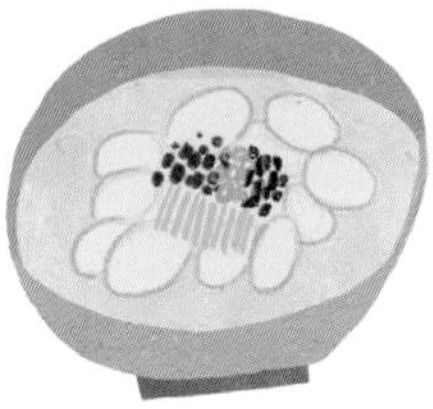

떡국

[떡꾹]

13단

눈사람

[눈ː싸람]

14단

듣다

[듣따]

15단

집게

[집께]

위 낱말은 모두 받침의 뒷말 첫소리가 예사소리에서
된소리로 바뀌어 소리 나요. 이렇게 받침의 뒷말 첫소리가
된소리로 소리 나는 말을 공부해 봐요.

12단	받침 ㄱ 뒤	예 떡국 태극기 먹다 박수 국자
13단	받침 ㄴ ㄹ ㅁ ㅇ 뒤	예 눈사람 신발장 물고기 금덩이 된장국
14단	받침 ㄷ ㅅ ㅈ ㅊ ㅌ 뒤	예 듣다 촛불 늦잠 꽃다발 팥빙수
15단	받침 ㅂ ㅍ 뒤	예 집게 잡다 덮밥 옆집 앞사람

12단 받침 ㄱ 뒤

콕콕 원리 알기

다음과 같이 소리 나는 것은 어떤 낱말일까요? 알맞은 낱말에 ○표를 해 보세요.

[떡꾹]

뻐꾹

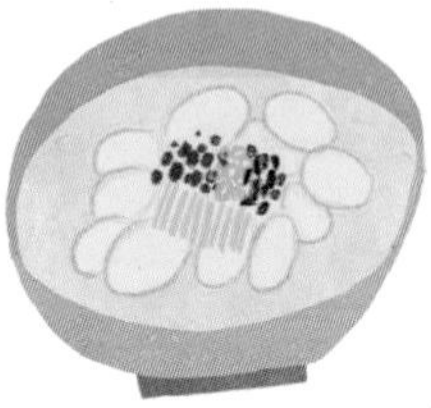

떡국

떡국은 ㄱ 받침의 뒷말 첫소리인 ㄱ이 된소리로 바뀌어 [떡꾹]으로 소리 나요. 하지만 쓸 때에는 원래대로 '떡국'으로 써요. 이처럼 ㄱ 받침의 뒷말 첫소리에 ㄱ, ㄷ, ㅂ, ㅅ, ㅈ이 오면 [ㄲ, ㄸ, ㅃ, ㅆ, ㅉ]로 소리 나지만, 쓸 때에는 뒷말 첫소리를 원래 글자대로 써요.

소리 내어 낱말을 읽고 따라 써 보세요.

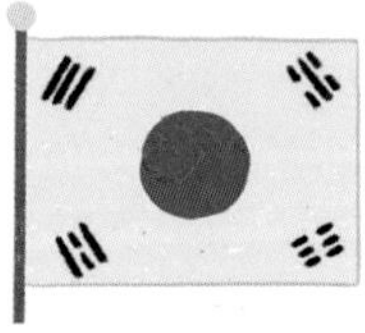

태극기

[태극끼]

먹다

[먹따]

박수

[박쑤]

국자

[국짜]

또박또박 따라 쓰기

소리 내어 읽으며 낱말과 구절을 따라 써 보세요.

- 날아가는 독수리
  [독쑤리]

- 양치기 소년과 늑대
  [늑때]

- 학교 숙제를 해요.
  [학꾜] [숙쩨를]

- 장작불에 구운 옥수수
  [장작뿌레] [옥쑤수]

- 산꼭대기 위의 먹구름
  [산꼭때기] [먹꾸름]

- 식당에서 밥을 먹자.
  [식땅에서] [먹짜]

- 옥상에서 악기를 연주해요.
  [옥쌍에서] [악끼를]

쏙쏙 골라 쓰기

그림에 알맞은 낱말을 골라 ○표를 하고 빈칸에 써 보세요.

1 

내가 좋아하는 — 춤꾸 / 축구

2 

예쁘고 상냥한 — 목소리 / 못소리

3 

문 앞에 놓여 있는 — 태빼 / 택배

4 

길고 가느다란 — 막대기 / 마때기

척척 고쳐쓰기

잘못 쓴 낱말을 바르게 고쳐 써 보세요.

1 바람에 휘날리는 태극끼

2 하꾜 운동장에서 놀자.

13단 받침 ㄴ ㄹ ㅁ ㅇ 뒤

콕콕 원리 알기

다음과 같이 소리 나는 것은 어떤 낱말일까요? 알맞은 낱말에 ○표를 해 보세요.

[눈:싸람]

눈싸움

눈사람

눈사람은 ㄴ 받침의 뒷말 첫소리인 ㅅ이 된소리로 바뀌어 [눈:싸람]으로 소리 나요. 하지만 쓸 때에는 원래대로 '눈사람'으로 써요. 이처럼 ㄴ, ㄹ, ㅁ, ㅇ 받침의 뒷말 첫소리에 ㄱ, ㄷ, ㅂ, ㅅ, ㅈ이 오면 [ㄲ, ㄸ, ㅃ, ㅆ, ㅉ]로 소리 나지만, 쓸 때에는 뒷말 첫소리를 원래 글자대로 써요.

소리 내어 낱말을 읽고 따라 써 보세요.

신	발	장

[신발짱]

물	고	기

[물꼬기]

금	덩	이

[금떵이]

된	장	국

[된:장꾹]

또박또박 따라 쓰기

소리 내어 읽으며 낱말과 구절을 따라 써 보세요.

- 양말을 신 다.
  [신:따]

- 엄마가 싸 주신 김 밥
  [김:빱]

- 환하게 켜진 등 불
  [등뿔]

- 손 바 닥 과 발 바 닥
  [손빠닥] [발빠닥]

- 병에 빨 대 를 꽂아요.
  [빨때를]

- 성 격 이 명랑한 내 친구
  [성:껴기]

- 강 가 에 서 본 물 고 기
  [강까에서] [물꼬기]

쏙쏙 골라 쓰기

그림의 내용에 맞게 빈칸에 알맞은 낱말을 보기 에서 골라 써 보세요.

발자국	발짜국	밀가루	창가
눈동자	눈똥자	창까	밀까루

1  바람이 시원한 (   )

2  눈 위에 찍힌 (   )

3 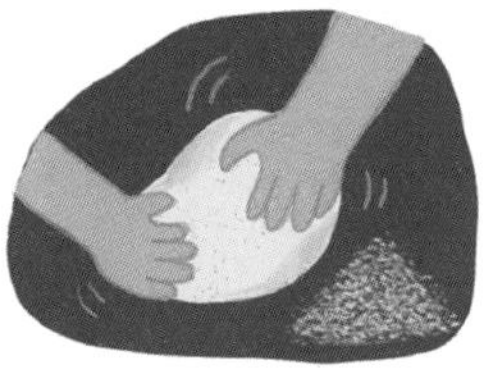 폭신폭신한 (   ) 반죽

4 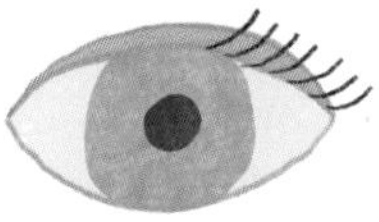 아름답고 푸른 (   )

척척 고쳐쓰기

잘못 쓴 낱말을 바르게 고쳐 써 보세요.

1 눈이 오면 눈싸람을 만들자.

2 놀다가 발빠닥을 다쳤어요.

14단 받침 ㄷ ㅅ ㅈ ㅊ ㅌ 뒤

콕콕 원리 알기

다음과 같이 소리 나는 것은 어떤 낱말일까요? 알맞은 낱말에 ○표를 해 보세요.

[듣따]

들다

듣다

듣다는 ㄷ 받침의 뒷말 첫소리인 ㄷ이 된소리로 바뀌어 [듣따]로 소리 나요. 하지만 쓸 때에는 원래대로 '듣다'로 써요. 이처럼 ㄷ, ㅅ, ㅈ, ㅊ, ㅌ 받침의 뒷말 첫소리에 ㄱ, ㄷ, ㅂ, ㅅ, ㅈ이 오면 [ㄲ, ㄸ, ㅃ, ㅆ, ㅉ]로 소리 나지만, 쓸 때에는 뒷말 첫소리를 원래 글자대로 써요.

소리 내어 낱말을 읽고 따라 써 보세요.

촛불

[촏뿔]

늦잠

[늗짬]

꽃다발

[꼳따발]

팥빙수

[팓삥수]

또박또박 따라 쓰기

소리 내어 읽으며 낱말과 구절을 따라 써 보세요.

- 숟가락으로 밥을 떠요.
  [숟까락]

- 잘 정리된 옷장
  [옫짱]

- 하루에 만 걸음 걷기 운동
  [걷ː끼]

- 꽃게가 들어간 해물탕
  [꼳께가]

- 밑줄 치고 숫자 쓰기
  [믿쭐] [숟ː짜]

- 팥죽 냄새를 맡고 온 호랑이
  [팓쭉] [맏꼬]

- 돗자리에 누워 낮잠을 자요.
  [돋짜리에] [낟짜믈]

쏙쏙 골라 쓰기

그림에 알맞은 낱말을 골라 ○표를 하고 빈칸에 써 보세요.

1 

목장에서 만난 — 젓쏘 / 젖소

2 

할아버지의 — 도뽀기 / 돋보기

3 

할머니께서 가꾸시는 — 꽃밭 / 꼳받

4 

세차게 떨어지는 — 빋빵울 / 빗방울

척척 고쳐쓰기

잘못 쓴 낱말을 바르게 고쳐 써 보세요.

1 달콤하고 시원한 팓삥수

2 선물로 받은 꼳따발

15단 받침 ㅂ ㅍ 뒤

콕콕 원리 알기

다음과 같이 소리 나는 것은 어떤 낱말일까요? 알맞은 낱말에 ○표를 해 보세요.

[집께]

집게

찌개

집게는 ㅂ 받침의 뒷말 첫소리인 ㄱ이 된소리로 바뀌어 [집께]로 소리 나요. 하지만 쓸 때에는 원래대로 '집게'로 써요. 이처럼 ㅂ, ㅍ 받침의 뒷말 첫소리에 ㄱ, ㄷ, ㅂ, ㅅ, ㅈ이 오면 [ㄲ, ㄸ, ㅃ, ㅆ, ㅉ]로 소리 나지만, 쓸 때에는 뒷말 첫소리를 원래 글자대로 써요.

소리 내어 낱말을 읽고 따라 써 보세요.

잡다

[잡따]

덮밥

[덥빱]

옆집

[엽찝]

앞사람

[압싸람]

또박또박 따라 쓰기

소리 내어 읽으며 낱말과 구절을 따라 써 보세요.

- 이불을 덮고 자야지.
  [덥꼬]

- 심부름을 해 줘서 고맙다.
  [고ː맙따]

- 땅을 깊게 파고 나무를 심어요.
  [깁께]

- 할아버지, 뵙고 싶었어요.
  [뵙ː꼬]

- 숲속에 나 있는 오솔길
  [숩쏘게]

- 연습장에 곱셈 연습을 해요.
  [연ː습짱에] [곱쎔]

- 옆구리에 접시가 닿았어요.
  [엽꾸리에] [접씨가]

쏙쏙 골라 쓰기

그림에 알맞은 낱말을 에서 골라 ○표를 하고 빈칸에 써 보세요.

1 

밥솥 밥쏱

김을 뿜고 있는 [ ]

2 

입쑬 입술

크레파스로 [ ] 칠하기

3 

종쏘리 종소리

[ ] 가 땡땡땡!

4 

잎사귀 입싸귀

벌레가 파먹은 [ ]

척척 고쳐쓰기

잘못 쓴 낱말을 바르게 고쳐 써 보세요.

1 접씨 위의 사과

[ ]

2 친구가 엽찝으로 이사 왔어요.

[ ]

통통 말 놀이터

다음처럼 낱말의 끝 글자로 시작하는 낱말을 이어 써 보세요.

떡	국	→	국	밥	→	밥	주	걱

1

신		→	발			→	국	

2

덮		→	밥		→	솥		껑

3

 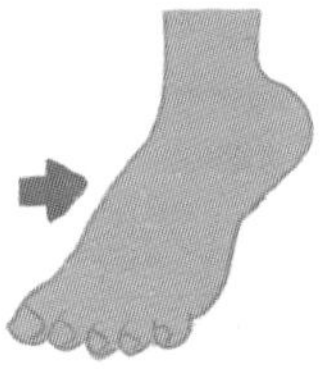 

꽃			→		등	→		불

다음처럼 문제에 알맞은 낱말에 ∨표를 하고 빈칸에 써 보세요.

다음 중 불타고 있지 않은 것은?

- 이불 ☑
- 촛불 □
- 산불 □

→ 이 불

❶ 다음 중 사람이 아닌 것은?

- 앞사람 □
- 눈사람 □
- 선생님 □

→ □□□

❷ 다음 중 가구가 아닌 것은?

- 옷장 □
- 책장 □
- 쌈장 □

→ □□

❸ 다음 중 먹을 수 없는 것은?

- 박수 □
- 국수 □
- 생수 □

→ □□

-ㅂ시다 / -읍시다

어떤 동작을 함께하자는 뜻을 나타낼 때 쓰는 말이에요.

문장을 소리 내어 읽고, 낱말을 따라 써 보세요.

하다

조용히 **합시다.**
[합씨다]

합시다는 ㅂ 받침의 뒷말 첫소리 ㅅ이 된소리로 소리 나서 [합씨다]라고 읽어요.

하지만 쓸 때에는 합 시 다 라고 써요.

말꼬리가 **합시다** 처럼 소리 나는 말을 따라 써 보세요.

가다

집에 같이 갑 시 다.
[갑씨다]

먹다

맛있게 먹 읍 시 다.
[머급씨다]

보다

어디 한번 봅 시 다.
[봅씨다]

웃다

크게 웃 읍 시 다.
[우:슴씨다]

추다

함께 춤을 춥 시 다.
[춥씨다]

잡다

모두 손을 잡 읍 시 다.
[자븝씨다]

-십시오

듣는 사람에게 어떤 일을
점잖게 명령하거나 권유할 때
쓰는 말이에요.

문장을 소리 내어 읽고, 낱말을 따라 써 보세요.

가다

안녕히 가십시오.

[가십씨오]

가십시오는 ㅂ 받침의 뒷말 첫소리 ㅅ이 된소리로 소리 나서 [가십씨오]라고 읽어요.

하지만 쓸 때에는 | 가 | 십 | 시 | 오 | 라고 써요.

말꼬리가 가십시오 처럼 소리 나는 말을 따라 써 보세요.

하다

✿ 전화를 | 하 | 십 | 시 | 오 |.

[하십씨오]

오다

✿ 어서 | 오 | 십 | 시 | 오 |.

[오십씨오]

주다

✿ 저에게 | 주 | 십 | 시 | 오 |.

[주십씨오]

쓰다

✿ 글씨를 | 쓰 | 십 | 시 | 오 |.

[쓰십씨오]

서다

✿ 바르게 | 서 | 십 | 시 | 오 |.

[서십씨오]

뛰다

✿ 빨리 | 뛰 | 십 | 시 | 오 |.

[뛰십씨오]

단단 받아쓰기

4 받침의 뒷말 첫소리가 된소리로 소리 나는 말

받아쓰기 내용 듣기

정답 143쪽

불러 주는 말을 잘 듣고, 받아 써 보세요.

1

2

3

4

5

6

7

8

점검해 보기

틀린 문제	1 2	3 4	5 6	7 8
더 공부해 봐요	12단 받침 ㄱ 뒤	13단 받침 ㄴ ㄹ ㅁ ㅇ 뒤	14단 받침 ㄷ ㅅ ㅈ ㅊ ㅌ 뒤	15단 받침 ㅂ ㅍ 뒤

5 같거나 비슷한 소리가 나는 말

살짝 맛보기 낱말을 소리 내어 읽어 보세요.

16단

콧물

[콘물]

17단

난로

[날ː로]

18단

막내

[망내]

위 낱말은 모두 앞말의 받침이 뒷말의 첫소리를 닮아서 그것과 같거나 비슷하게 소리 나요.
이렇게 앞말의 받침과 뒷말 첫소리가 같거나 비슷하게 소리 나는 말을 공부해 봐요.

16단	[ㄴ] 소리	예 콧물 시냇물 눈약 빛나다 공룡
17단	[ㄹ] 소리	예 난로 산신령 설날 달나라 물난리
18단	[ㅇ] [ㅁ] 소리	예 막내 식물 목마 입마개 앞마당

16단 [ㄴ] 소리

콕콕 원리 알기

다음과 같이 소리 나는 것은 어떤 낱말일까요? 알맞은 낱말에 ○표를 해 보세요.

[콘물]

콩물

콧물

콧물의 ㅅ 받침은 '물'의 첫소리 'ㅁ'을 닮아서 [ㄴ]으로 바뀌어 [콘물]로 소리 나요. 하지만 쓸 때에는 원래대로 '콧물'로 써요. 이처럼 받침이나 첫소리가 뒤나 앞의 소리와 닮아서 [ㄴ]으로 바뀌더라도 쓸 때에는 원래 글자를 그대로 써요.

소리 내어 낱말을 읽고 따라 써 보세요.

시	냇	물

[시ː낸물]

눈	약

[눈냑]

빛	나	다

[빈나다]

공	룡

[공ː뇽]

또박또박 따라 쓰기

소리 내어 읽으며 낱말과 구절을 따라 써 보세요.

- 흔들거리는 윗니 [윈니]

- 삼촌이 경례를 해요. [경ː녜]

- 시원한 음료수를 마셔요. [음ː뇨수를]

- 아주 옛날에 있었던 일이야. [옌ː나레]

- 웃어른께 존댓말을 써요. [존댄마를]

- 앞으로 거짓말을 안 할게요. [거ː진마를]

- 한여름 정류장은 더워요. [한녀름] [정뉴장은]

쏙쏙 골라 쓰기

그림에 알맞은 낱말을 골라 ○표를 하고 빈칸에 써 보세요.

1 

콸콸 나오는 — 수동물 / 수돗물

2 

투표로 뽑은 — 대통령 / 대통녕

3 

학교 앞 버스 — 정뉴장 / 정류장

4 

텃밭에서 따 온 — 깬닙 / 깻잎

척척 고쳐쓰기

잘못 쓴 낱말을 바르게 고쳐 써 보세요.

1 감기에 걸려서 콘물이 흘러요.

2 옌날 이야기책을 봐요.

17단 [ㄹ] 소리

콕콕 원리 알기

다음과 같이 소리 나는 것은 어떤 낱말일까요? 알맞은 낱말에 ○표를 해 보세요.

[날:로]

날개

난로

난로의 ㄴ 받침은 '로'의 첫소리 ㄹ을 닮아서 [ㄹ]로 바뀌어 [날:로]로 소리 나요. 하지만 쓸 때에는 원래 대로 '난로'로 써요. 이처럼 받침이나 첫소리가 뒤나 앞의 소리를 닮아서 [ㄹ]로 바뀌어 소리 나더라도 쓸 때에는 원래 글자를 그대로 써요.

소리 내어 낱말을 읽고 따라 써 보세요.

산신령

[산실령]

설날

[설:랄]

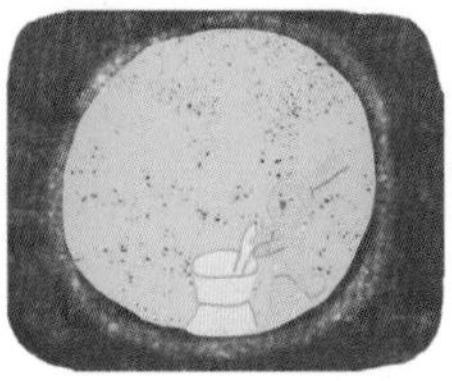

달나라

[달라라]

물난리

[물랄리]

또박또박 따라 쓰기

소리 내어 읽으며 낱말과 구절을 따라 써 보세요.

- 병원 진료실
  [질ː료실]

- 재미있는 말놀이 하기
  [말ː로리]

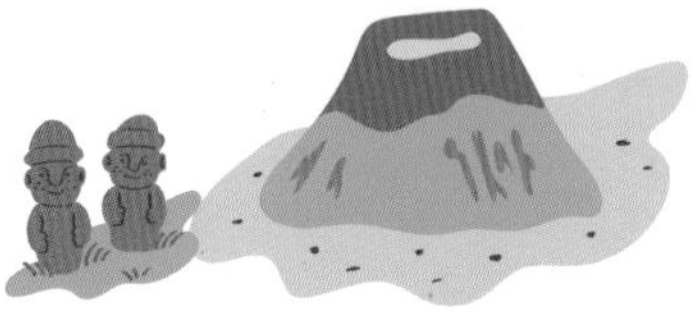

- 제주도에 있는 한라산
  [할ː라산]

- 계곡에서 물놀이를 해요.
  [물로리를]

- 생활이 무척 편리해요.
  [펼리해요]

- 탈놀이를 보러 온 관람객
  [탈ː로리를] [괄람객]

- 관리실에 볼일이 있어요.
  [괄리시레] [볼ː리리]

쏙쏙 골라 쓰기

그림에 알맞은 낱말에 ∨표를 하고 빈칸에 써 보세요.

1. 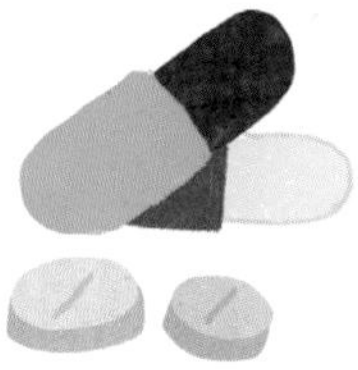

약국에서 산 알약 □ 알략 □

→

2. 

재활용 쓰레기 불리수거 □ 분리수거 □

→

3. 

손이 따뜻해지는 손난로 □ 손날로 □

→

4. 

강아지 전문 훌련소 □ 훈련소 □

→

척척 고쳐쓰기

잘못 쓴 낱말을 바르게 고쳐 써 보세요.

1. 비가 와서 물랄리가 났어요.

2. 친구들과 영화 괄람을 해요.

18단 [ㅇ][ㅁ]소리

콕콕 원리 알기

다음과 같이 소리 나는 것은 어떤 낱말일까요? 알맞은 낱말에 ○표를 해 보세요.

[망내]

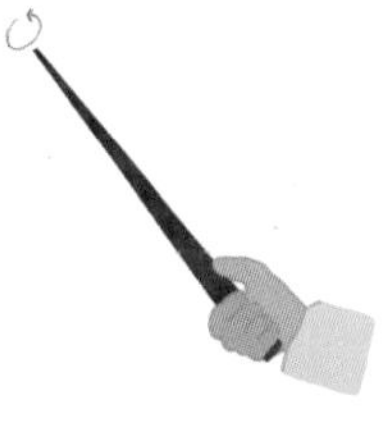

막대

막내

막내의 ㄱ 받침이 '내'의 첫소리 ㄴ을 닮아서 [ㅇ]으로 바뀌어 [망내]로 소리 나요. 하지만 쓸 때에는 원래대로 '막내'로 써요. **밥물**의 ㅂ 받침도 '물'의 첫소리 ㅁ을 닮아 [밤물]로 소리 나지만, 원래대로 '밥물'로 써요. 이처럼 받침이나 첫소리가 뒤나 앞의 소리를 닮아 [ㅇ]이나 [ㅁ]으로 바뀌어 소리 나더라도 쓸 때에는 원래 글자를 그대로 써요.

소리 내어 낱말을 읽고 따라 써 보세요.

식물 [싱물]

목마 [몽마]

입마개 [임마개]

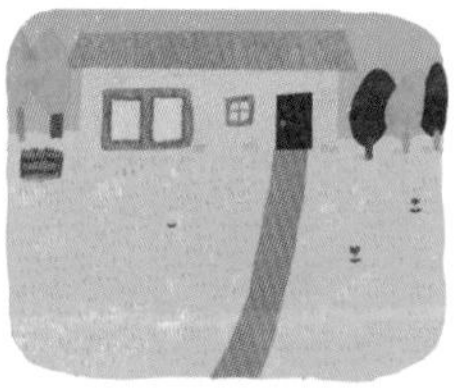

앞마당 [암마당]

또박또박 따라 쓰기

소리 내어 읽으며 낱말과 구절을 따라 써 보세요.

- 끈을 묶는 손
  [뭉는]
- 옷자락을 잡는 손
  [잠는]

- 대한 독립 만세!
  [동닙]
- 몹시 목마른 강아지
  [몽마른]
- 조금 겁나지만 할 수 있어.
  [검나지만]
- 국립 박물관에 가요.
  [궁닙] [방물과네]
- 작년에 산 색연필이야.
  [장녀네] [생년피리야]

쏙쏙 골라 쓰기

그림의 내용에 맞게 빈칸에 알맞은 낱말을 [ ]에서 골라 써 보세요.

궁민	국민	국물	궁물
몽년	목련	밤맏	밥맛

1.  하얗게 피어 있는 [ ]

2.  아주 맛있는 찌개 [ ]

3.  [ ]이 꿀맛이에요.

4.  우리는 모두 대한민국 [ ]이에요.

척척 고쳐쓰기

잘못 쓴 낱말을 바르게 고쳐 써 보세요.

1. 놀이공원에서 회전몽마를 타요.

2. 앞마당에 싱물을 가꿔요.

통통 말놀이터

다음처럼 낱말을 따라 쓴 다음, 두 낱말 사이에 ㅅ을 넣어 한 낱말로 만들어 써 보세요.

비 + ㅅ + 방울 → 빗방울

❶

코 + ㅅ + 물 →

❷

초 + ㅅ + 불 →

❸

배추 + ㅅ + 잎 →

❹

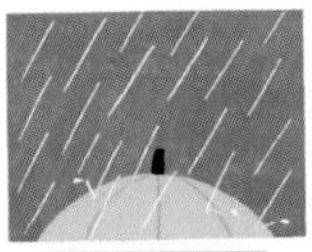  

비 + ㅅ + 소리 →

덥석 **말꼬리 잡기**

-ㅂ니다 / -습니다

현재 상황을 점잖게 설명할 때 쓰는 말이에요.

문장을 소리 내어 읽고, 낱말을 따라 써 보세요.

하다

세수를 합니다.

[함니다]

합니다는 ㅂ 받침이 뒷말 첫소리 ㄴ을 닮아 [ㅁ]으로 소리 나서 [함니다]라고 읽어요.

하지만 쓸 때에는 | 합 | 니 | 다 | 라고 써요.

말꼬리가 **합니다** 처럼 소리 나는 말을 따라 써 보세요.

가다

학교에 | 갑 | 니 | 다 |.

[감니다]

먹다

피자를 | 먹 | 습 | 니 | 다 |.

[먹씀니다]

보다

책을 | 봅 | 니 | 다 |.

[봄니다]

책이다

이것은 | 책 | 입 | 니 | 다 |.

[채김니다]

닦다

이를 | 닦 | 습 | 니 | 다 |.

[닥씀니다]

있다

로봇이 | 있 | 습 | 니 | 다 |.

[읻씀니다]

-ㅂ니까 / -습니까

말하는 사람이 듣는 사람에게 점잖게 물을 때 쓰는 말이에요.

문장을 소리 내어 읽고, 낱말을 따라 써 보세요.

자다

아기가 **잡니까?**

[잠니까]

잡니까는 ㅂ 받침이 뒷말 첫소리 ㄴ을 닮아 [ㅁ]으로 소리 나서 [잠니까]라고 읽어요.

하지만 쓸 때에는 | 잡 | 니 | 까 | 라고 써요.

말꼬리가 **잡니까** 처럼 소리 나는 말을 따라 써 보세요.

가다

어디로 | 갑 | 니 | 까 | ?

[감니까]

적다

무엇을 | 적 | 습 | 니 | 까 | ?

[적씀니까]

오다

누가 | 옵 | 니 | 까 | ?

[옴니까]

내리다

첫눈이 | 내 | 립 | 니 | 까 | ?

[내림니까]

있다

책이 | 있 | 습 | 니 | 까 | ?

[읻씀니까]

묶다

끈으로 | 묶 | 습 | 니 | 까 | ?

[묵씀니까]

받아쓰기 내용 듣기

정답 144쪽

불러 주는 말을 잘 듣고, 받아 써 보세요.

①

②

③

④

⑤

⑥

⑦

⑧

점검해 보기

틀린 문제	① ② ③	④ ⑤ ⑥	⑦ ⑧
더 공부해 봐요	16단 [ㄴ] 소리	17단 [ㄹ] 소리	18단 [ㅇ] [ㅁ] 소리

6 소리와 글자가 다른 여러 가지 말

살짝 맛보기 낱말을 소리 내어 읽어 보세요.

19단

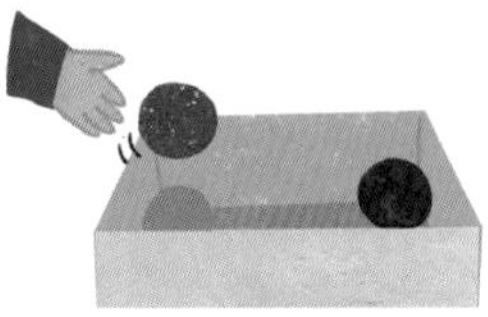

넣어요

[너어요]

20단

맏이

[마지]

21단

낳다

[나ː타]

위 낱말은 읽을 때 받침 소리가 나지 않거나 다른 글자와 합쳐져서 거센소리가 나는 등 글자와 다르게 소리가 나요. 이렇게 글자와 소리가 다른 여러 가지 말을 공부해 봐요.

19단	ㅎ 받침 소리가 안 나는 말	예 넣어요 놓아요 닿아요 좋아요 쌓아요
20단	ㄷ ㅌ이 [ㅈ] [ㅊ]로 소리 나는 말	예 맏이 해돋이 등받이 같이 샅샅이
21단	거센소리(ㅋ ㅌ ㅍ ㅊ)로 소리 나는 말	예 낳다 쌓다 좋다 잡히다 닫히다

19단 ㅎ 받침 소리가 안 나는 말

콕콕 원리 알기

다음과 같이 소리 나는 것은 어떤 낱말일까요? 알맞은 낱말에 ○표를 해 보세요.

[너어요]

넘어요

넣어요

넣어요를 읽을 때에는 ㅎ 받침이 소리 나지 않아요. 하지만 쓸 때에는 원래대로 ㅎ 받침을 써요. 이처럼 ㅎ 받침 뒤에 모음이 오면 ㅎ 소리가 나지 않지만 쓸 때에는 원래 글자를 그대로 써요.

소리 내어 낱말을 읽고 따라 써 보세요.

놓	아	요

[노아요]

닿	아	요

[다아요]

좋	아	요

[조ː아요]

쌓	아	요

[싸아요]

또박또박 따라 쓰기

소리 내어 읽으며 낱말과 어절을 따라 써 보세요.

- 높이 쌓아 올린 담
  [싸아]

- 길게 땋아 내린 머리
  [따아]

- 의좋은 형제 이야기
  [의:조은]

- 엉덩방아를 찧었어요.
  [찌어써요]

- 우리는 사이좋은 친구
  [사이조은]

- 밀을 빻아서 밀가루를 만들어요.
  [빠아서]

- 암탉이 달걀을 낳으려고 꼬꼬꼬 울어요.
  [나으려고]

쏙쏙 골라 쓰기

그림에 알맞은 낱말을 [:]에서 골라 ○표를 하고 빈칸에 써 보세요.

1 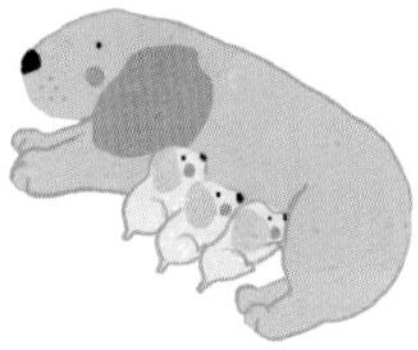

나은 : 낳은

어미 개가 ____ 예쁜 강아지들

2 

좋아요 : 조아요

세상에서 엄마가 제일 ____.

3 

따아 : 땋아

머리를 길게 ____ 주세요.

4 

쌓아서 : 싸아서

모래주머니를 ____ 물을 막아요.

척척 고쳐쓰기

잘못 쓴 낱말을 바르게 고쳐 써 보세요.

1 이마를 찌어서 혹이 생겼어요.

____

2 구슬을 가득 너은 상자

____

20단 ㄷ ㅌ이 [ㅈ] [ㅊ]로 소리 나는 말

콕콕 원리 알기

다음과 같이 소리 나는 것은 어떤 낱말일까요? 알맞은 낱말에 ○표를 해 보세요.

[마지]

맏이

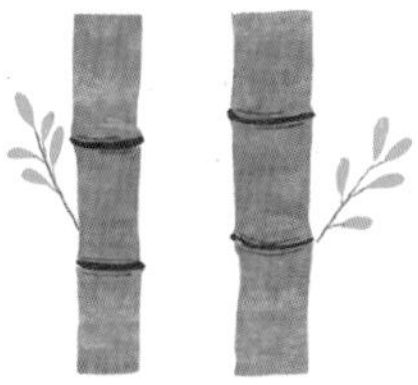

마디

맏이를 읽을 때 ㄷ 받침이 뒷말 첫소리로 넘어가면서 [ㅈ]로 바뀌어 소리 나요. 하지만 쓸 때에는 원래대로 ㄷ 받침으로 써요.
같이를 읽을 때는 ㅌ 받침이 뒷말 첫소리로 넘어가면서 [ㅊ]로 바뀌어 소리 나요. 이처럼 ㄷ, ㅌ 받침 뒤에 '이'가 오면 ㄷ, ㅌ이 [ㅈ], [ㅊ]로 소리 나지만, 쓸 때에는 원래 글자를 그대로 써요.

소리 내어 낱말을 읽고 따라 써 보세요.

해	돋	이

[해도지]

등	받	이

[등바지]

같	이

[가치]

샅	샅	이

[삳싸치]

또박또박 따라 쓰기

소리 내어 읽으며 낱말과 어절을 따라 써 보세요.

- 참외는 겉이 노란색이다.
  [거치]

- 제 선물을 굳이 거절하지 마세요.
  [구지]

- 있었던 일을 낱낱이 말해 보렴.
  [난ː나치]

- 마당에 가마솥이 있어요.
  [가마소치]

- 갑자기 바깥이 소란스러워요.
  [바까치]

- 아기의 머리숱이 너무 적어요.
  [머리수치]

- 소년의 말을 곧이듣고 모두 달려왔어요.
  [고지듣꼬]

쏙쏙 골라 쓰기

그림의 내용에 맞게 빈칸에 알맞은 말을 [ ]에서 골라 써 보세요.

채소바치	채소밭이	끝이	끄치
포도밭이야	포도바치야	코끄시	코끝이

1 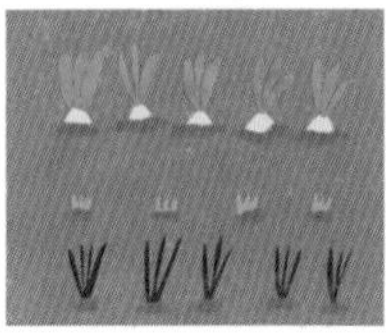

뒷마당에 [ ] 있어요.

2 

바늘 [ ] 뾰족해요.

3 

드라마를 보고 [ ] 찡해졌어요.

4 

여기가 이모네 [ ].

척척 고쳐쓰기

잘못 쓴 낱말을 바르게 고쳐 써 보세요.

1 얘들아, 가치 가자.

[ ]

2 선물로 받은 등바지 의자

[ ]

21단 거센소리(ㅋ ㅌ ㅍ ㅊ)로 소리 나는 말

콕콕 원리 알기

다음과 같이 소리 나는 것은 어떤 낱말일까요? 알맞은 낱말에 ○표를 해 보세요.

[나ː타]

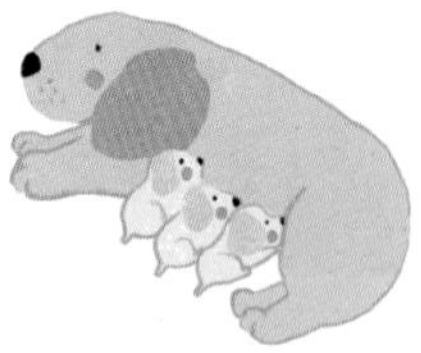

낳다

낙하

낳다를 읽을 때 ㅎ 받침이 뒷말 ㄷ에 합쳐져서 [ㅌ]로 소리 나요. 하지만 쓸 때에는 ㅎ 받침을 ㄷ과 합치지 말고 원래대로 써요. 이처럼 ㅎ의 앞뒤로 ㄱ, ㄷ, ㅂ, ㅈ이 오면 두 소리가 합쳐져서 거센소리인 [ㅋ], [ㅌ], [ㅍ], [ㅊ]로 소리 나지만, 쓸 때에는 원래 글자를 그대로 써요.

소리 내어 낱말을 읽고 따라 써 보세요.

쌓 다

[싸타]

좋 다

[조ː타]

잡 히 다

[자피다]

닫 히 다

[다치다]

또박또박 따라 쓰기

소리 내어 읽으며 낱말을 따라 써 보세요.

- 까맣게 탄 누룽지
  [까:마케]

- 손이 파랗게 물들었어요.
  [파:라케]

- 벽에 못이 박혀 있어요.
  [바켜]

- 구름이 걷히고 해가 나왔어요.
  [거치고]

- 얘들아, 사이좋게 놀아야지.
  [사이조케]

- 바구니에 공을 넣고 와!
  [너:코]

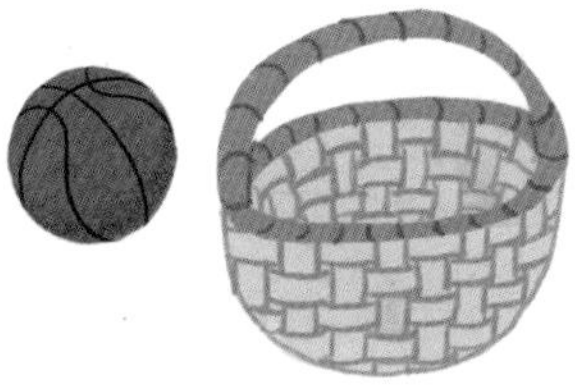

- 엉덩방아를 찧고 넘어졌어요.
  [찌코]

쏙쏙 골라 쓰기

그림에 알맞은 낱말을 [:] 에서 골라 ○표를 하고 빈칸에 써 보세요.

❶ 

노치 : 놓지

절대로 손을 ☐☐ 마.

❷ 

굽혀 : 구펴

무릎을 좀 더 ☐☐ 주세요.

❸ 

어떻게 : 어떠케

☐☐☐ 해야 할까?

❹ 

묻힌 : 무친

설탕을 ☐☐ 도넛

척척 고쳐쓰기

잘못 쓴 낱말을 바르게 고쳐 써 보세요.

❶ 노는 것은 언제나 조타.

☐☐

❷ 바구니에 공 너키

☐☐

통통 말놀이터

다음처럼 문장을 같은 뜻의 한 낱말로 만들어 ○표를 하고 빈칸에 써 보세요.

재미가 있다. →

재	미	있	다

❶ 

빛이 나다. →

❷ 

겁이 나다. →

❸ 

목이 마르다. →

❹ 

배가 고프다. →

❺ 

배가 부르다. →

덤석 **말꼬리 잡기**

-는다

현재의 사건이나 사실을 말할 때 쓰는 말이에요.

문장을 소리 내어 읽고, 낱말을 따라 써 보세요.

잡다

손을 잡는다.
[잠는다]

잡는다는 ㅂ 받침이 뒷말 첫소리 ㄴ을 닮아 [ㅁ]으로 소리 나서 [잠는다]라고 읽어요.

하지만 쓸 때에는 | 잡 | 는 | 다 | 라고 써요.

말꼬리가 **잡는다** 처럼 소리 나는 말을 따라 써 보세요.

믿다
- 너를 | 믿 | 는 | 다 |.
[민는다]

먹다
- 밥을 | 먹 | 는 | 다 |.
[멍는다]

받다
- 상을 | 받 | 는 | 다 |.
[반는다]

웃다
- 말하다가 | 웃 | 는 | 다 |.
[운ː는다]

굽다
- 감자를 | 굽 | 는 | 다 |.
[굼ː는다]

입다
- 잠옷을 | 입 | 는 | 다 |.
[임는다]

-ㅆ나요 / -었나요

어떤 사건이 과거에 일어났는지 점잖게 물을 때 쓰는 말이에요.

문장을 소리 내어 읽고, 낱말을 따라 써 보세요.

싸다

짐을 다 쌌나요?

[싼나요]

쌌나요는 ㅆ 받침이 뒷말 첫소리 ㄴ을 닮아 [ㄴ]으로 소리 나서 [싼나요]라고 읽어요.

하지만 쓸 때에는 | 쌌 | 나 | 요 | 라고 써요.

말꼬리가 **쌌나요** 처럼 소리 나는 말을 따라 써 보세요.

짜다

국이 좀 | 짰 | 나 | 요 | ?

[짠나요]

신다

신발을 | 신 | 었 | 나 | 요 | ?

[시넌나요]

가다

학교에 | 갔 | 나 | 요 | ?

[간나요]

먹다

밥을 | 먹 | 었 | 나 | 요 | ?

[머건나요]

사다

선물을 | 샀 | 나 | 요 | ?

[산나요]

주다

꽃에 물을 | 주 | 었 | 나 | 요 | ?

[주언나요]

받아쓰기 내용 듣기

정답 144쪽

불러 주는 말을 잘 듣고, 받아 써 보세요.

1

2

3

4

5

6

7

8

점검해 보기

틀린 문제	1 2 3	4 5	6 7 8
더 공부해 봐요	19단 ㅎ 받침 소리가 안 나는 말	20단 ㄷ ㅌ이 [ㅈ] [ㅊ]으로 소리 나는 말	21단 거센소리로 소리 나는 말

7 받침이 두 개인 말

살짝 맛보기 낱말을 소리 내어 읽어 보세요.

22단

많다	많아
[만ː타]	[마ː나]

23단

읽다	읽어
[익따]	[일거]

24단

삶다	삶아
[삼ː따]	[살마]

25단

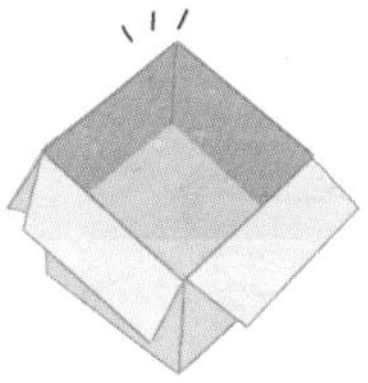

없다	없어
[업ː따]	[업ː써]

위 낱말은 모두 받침이 두 개 쓰인 겹받침 글자예요. 겹받침 글자는 뒤에 오는 글자에 따라 받침 하나가 소리 나지 않거나 뒤로 넘어가서 소리 나요. 이렇게 받침이 두 개인 말을 공부해 봐요.

22단	겹받침 ㄶ ㅀ	예 많다 않다 끓다 잃다
23단	겹받침 ㄺ ㄼ	예 읽다 맑다 넓다 짧다
24단	겹받침 ㄻ ㄾ	예 삶다 젊다 굶다 핥다
25단	겹받침 ㄳ ㄵ ㄿ ㅄ	예 몫 앉다 읊다 없다

22단 겹받침 ㄶ ㅀ

콕콕 원리 알기

낱말이 어떻게 소리 나는지 살펴보고 소리 내어 읽어 보세요.

많다
[만ː타]

많고 [만ː코]
많지 [만ː치]
많아 [마ː나]

받침 ㄶ은 대체로 [ㄴ]으로 소리 나요. 뒤에 오는 말에 따라 소리가 달라지지만, 쓸 때에는 받침 ㄶ을 그대로 써요.

끓다
[끌타]

끓고 [끌코]
끓는 [끌른]
끓어 [끄러]

받침 ㅀ은 대체로 [ㄹ]로 소리 나요. 뒤에 오는 말에 따라 소리가 달라지지만, 쓸 때에는 받침 ㅀ을 그대로 써요.

어떤 낱말을 읽은 것인가요? 알맞은 낱말에 ○표를 해 보세요.

[만ː코] — 많고 / 맒고

[끌타] — 끊다 / 끓다

또박또박 따라 쓰기

소리 내어 읽으며 낱말을 따라 써 보세요.

- 줄을 끊다. [끈타]

끊어진 줄 [끄너진]

- 짐이 많다. [만ː타]

많은 짐 [마ː는]

- 울지 않다. [안타]

울지 않아요. [아나요]

- 괜찮다. [괜찬타]

괜찮아. [괜차나]

- 무릎을 꿇다. [꿀타]

무릎 꿇은 자세 [꾸른]

- 신발이 닳다. [달타]

바닥이 닳은 신발 [다른]

- 길을 잃다. [일타]

길 잃은 아이 [이른]

쏙쏙 골라 쓰기

그림에 알맞은 낱말을 [ ] 에서 골라 ○표를 하고 빈칸에 써 보세요.

❶ 

만이 | 많이

밥을 너무 ☐☐ 먹었어요.

❷ 

옳지 | 올찌

☐☐ 않은 행동을 하지 마세요.

❸ 

시러요 | 싫어요

맛이 쓴 약을 먹기 ☐☐☐.

❹ 

끓는 | 끌른

보글보글 ☐☐ 구수한 된장찌개

척척 고쳐쓰기

잘못 쓴 낱말을 바르게 고쳐 써 보세요.

❶ 줄이 끄너진 바이올린

☐☐☐

❷ 길을 이른 아이들

☐☐

23단 겹받침 ㄺ ㄼ

콕콕 원리 알기

낱말이 어떻게 소리 나는지 살펴보고 소리 내어 읽어 보세요.

읽다 [익따]

- 읽지 [익찌]
- 읽고 [일꼬]
- 읽기 [일끼]
- 읽어 [일거]

받침 ㄺ은 대체로 [ㄱ]이나 [ㄹ]로 소리 나고, 뒷말의 첫소리가 달라져요. 하지만 쓸 때에는 받침 ㄺ을 그대로 써요.

넓다 [널따]

- 넓고 [널꼬]
- 넓지 [널찌]
- 넓어 [널버]

받침 ㄼ은 대체로 [ㄹ]로 소리 나고, 뒷말의 첫소리가 달라져요. 하지만 쓸 때에는 받침 ㄼ을 그대로 써요.

'밟다'의 받침 ㄼ은 [ㅂ]으로 소리 나. → [밥ː따]

어떤 낱말을 읽은 것인가요? 알맞은 낱말에 ○표를 해 보세요.

[일끼] — 일기 / 읽기

[널버] — 넓이 / 넓어

또박또박 따라 쓰기

소리 내어 읽으며 낱말을 따라 써 보세요.

- 날씨가 맑다. [막따]

맑은 날씨 [말근]

- 불빛이 밝다. [박따]

밝은 불빛 [발근]

- 팔뚝이 굵다. [국ː따]

굵은 팔뚝 [굴ː근]

- 이불이 얇다. [얄ː따]

얇은 이불 [얄븐]

- 연필이 짧다. [짤따]

짧은 연필 [짤븐]

- 감이 떫다. [떨ː따]

떫은 감 [떨ː븐]

- 밤 여덟 톨 [여덜]
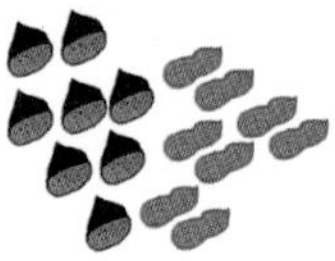
땅콩 여덟 개 [여덜]

쏙쏙 골라 쓰기

그림에 알맞은 낱말을 [ ]에서 골라 ○표를 하고 빈칸에 써 보세요.

❶ 

찰흙 | 차륵

[ ][ ] 으로 만든 토끼

❷ 

닥꼬기 | 닭고기

오늘 저녁에 [ ][ ][ ] 를 먹어요.

❸ 

까닭 | 까달

친구가 우는 [ ][ ] 이 궁금해요.

❹ 

발바서 | 밟아서

발을 [ ][ ][ ] 미안해.

'밟다'는
[밥ː따]로 소리 나.

척척 고쳐쓰기

잘못 쓴 낱말을 바르게 고쳐 써 보세요.

❶ 오늘은 날씨가 말가요.

[ ][ ][ ]

❷ 이 연필은 길이가 짤따.

[ ][ ]

24단 겹받침 ㄻ ㄾ

콕콕 원리 알기

낱말이 어떻게 소리 나는지 살펴보고 소리 내어 읽어 보세요.

삶다 [삼ː따]

삶고	[삼ː꼬]
삶는	[삼ː는]
삶아	[살마]

받침 ㄻ은 대체로 [ㅁ]으로 소리 나고, 뒷말의 첫소리가 달라져요. 하지만 쓸 때에는 받침 ㄻ을 그대로 써요.

핥다 [할따]

핥고	[할꼬]
핥지	[할찌]
핥아	[할타]

받침 ㄾ은 대체로 [ㄹ]로 소리 나고, 뒷말의 첫소리가 달라져요. 하지만 쓸 때에는 받침 ㄾ을 그대로 써요.

어떤 낱말을 읽은 것인가요? 알맞은 낱말에 ○표를 해 보세요.

[살마] — 삶다 / 삶아

[할타] — 핥아 / 핥고

또박또박 따라 쓰기

소리 내어 읽으며 낱말을 따라 써 보세요.

- 나이가 젊다. [점ː따]

젊은 사람 [절믄]

- 감기가 옮다. [옴ː따]

옮은 감기 [올믄]

- 짐을 옮기다. [옴기다]

짐을 옮겨요. [옴겨요]

- 아침을 굶다. [굼ː따]

아침 굶은 날 [굴믄]

- 얼굴이 닮다. [담ː따]

닮은 얼굴 [달믄]

- 혀로 핥다. [할따]

혀로 핥아요. [할타요]

- 눈으로 훑다. [훌따]

책을 훑어보다. [훌터보다]

쏙쏙 골라 쓰기

그림에 알맞은 낱말을 줄로 이은 뒤, 맞는 낱말을 빈칸에 써 보세요.

1  달걀을 •
• 삼아요.
• 삶아요.

2  아침을 •
• 굶었어요.
• 굴멌어요.

3  짐을 •
• 질머져요.
• 짊어져요.

4  그릇을 •
• 핥아요.
• 할타요.

척척 고쳐쓰기

잘못 쓴 낱말을 바르게 고쳐 써 보세요.

1 얼굴이 똑같이 담따.

2 아침을 굴머서 배고파요.

25단 겹받침 ㄳ ㄵ ㄿ ㅄ

콕콕 원리 알기

낱말이 어떻게 소리 나는지 살펴보고 소리 내어 읽어 보세요.

몫
[목]

- 몫도 [목또]
- 몫을 [목쓸]
- 몫만 [몽만]

받침 ㄳ은 대체로 [ㄱ]으로 소리 나고, 뒷말의 첫소리가 달라져요. 하지만 쓸 때에는 받침 ㄳ을 그대로 써요.

'몫'은 여럿으로 나누어 가지는 각 부분을 말해.

앉다
[안따]

- 앉고 [안꼬]
- 앉는 [안는]
- 앉아 [안자]

받침 ㄵ은 대체로 [ㄴ]으로 소리 나고, 뒷말의 첫소리가 달라져요. 하지만 쓸 때에는 받침 ㄵ을 그대로 써요.

어떤 낱말을 읽은 것인가요? 알맞은 낱말에 ○표를 해 보세요.

[목] — 몱 / 몫

[안자] — 앉아 / 않아

콕콕 원리 알기

낱말이 어떻게 소리 나는지 살펴보고 소리 내어 읽어 보세요.

읊다 [읍따]

- 읊고 [읍꼬]
- 읊는 [음는]
- 읊어 [을퍼]

받침 ㄿ은 [ㅂ], [ㅁ], [ㄹ] 등으로 소리 나고, 뒷말의 첫소리가 달라져요. 하지만 쓸 때에는 받침 ㄿ을 그대로 써요.

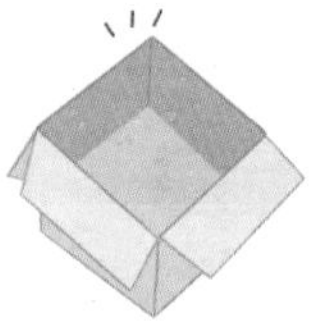

없다 [업ː따]

- 없지 [업ː찌]
- 없는 [엄ː는]
- 없어 [업ː써]

받침 ㅄ은 대체로 [ㅂ], [ㅁ] 등으로 소리 나고, 뒷말의 첫소리가 달라져요. 하지만 쓸 때에는 받침 ㅄ을 그대로 써요.

어떤 낱말을 읽은 것인가요? 알맞은 낱말에 ○표를 해 보세요.

[을퍼] — 읊어 / 읊고

[업ː써] — 없어 / 엎어

또박또박 따라 쓰기

소리 내어 읽으며 낱말을 따라 써 보세요.

- 소파에 앉다. [안따]

  소파에 앉아요. [안자요]

- 손을 얹다. [언따]

  머리에 얹은 손 [언즌]

- 물을 끼얹다. [끼언따]

  끼얹은 물 [끼언즌]

- 구름이 없다. [업ː따]
  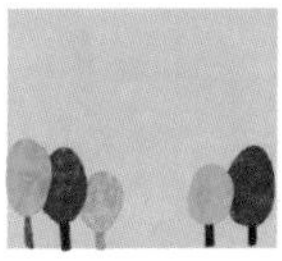
  구름 없는 하늘 [엄ː는]

- 가엾다. [가ː엽따]

  가엾은 새 [가ː엽쓴]

- 시를 읊다. [읍따]

  시를 읊는 아이 [음는]

- 물건값 [물건깝]

  값이 싸다. [갑씨]

쏙쏙 골라 쓰기

그림에 알맞은 말을 [ ] 에서 골라 ○표를 하고 빈칸에 써 보세요.

❶ 

손을 허리에 [ ]고 있어요.

없 얹

❷ 

이것은 내 [ ]의 피자야.

몫 몱

❸ 

의자에 앉아 [ ]은키를 재요.

않 앉

❹ 

물건[ ]이 얼마인가요?

값 갌

척척 고쳐쓰기

잘못 쓴 낱말을 바르게 고쳐 써 보세요.

❶ 무릎에 손을 언꼬 앉아요.

❷ 교실에 아무도 업써요.

통통 말놀이터

다음처럼 낱말의 반대말에 ○표를 하고 빈칸에 써 보세요.

맑다 / (많다)

적다 ↔ 많다

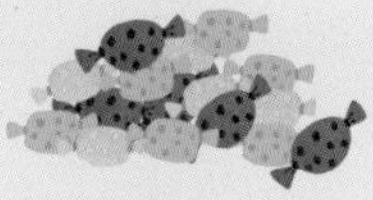

1. 없다 / 얽다

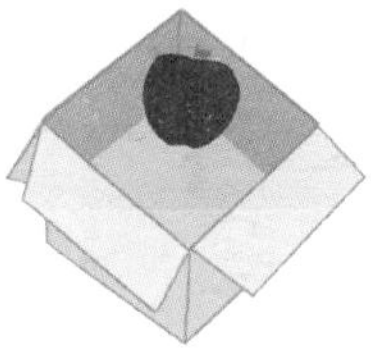

있다 ↔ [ ][ ]

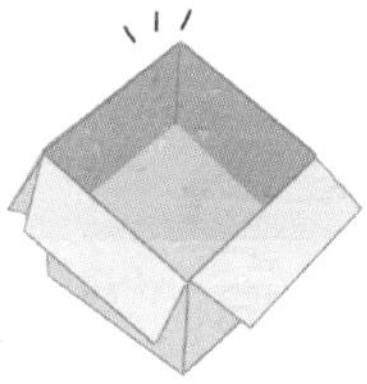

2. 끓다 / 끊다

잇다 ↔ [ ][ ]

3. 얇다 / 핥다

두껍다 ↔ [ ][ ]

-ㄺ아요 / -ㄺ어요

상대에게 높여서 말하는 경우에 쓰는 말이에요.

문장을 소리 내어 읽고, 낱말을 따라 써 보세요.

읽다

책을 읽어요.
[일거요]

읽어요는 받침 ㄺ 중에서 ㄹ은 그대로, ㄱ은 뒷말 첫소리로 소리 나므로 [일거요]라고 읽어요.

하지만 쓸 때에는 | 읽 | 어 | 요 | 라고 써요.

말꼬리가 **읽어요** 처럼 소리 나는 말을 따라 써 보세요.

맑다

날씨가 | 맑 | 아 | 요 | .
[말가요]

붉다

해가 | 붉 | 어 | 요 | .
[불거요]

밝다

불빛이 | 밝 | 아 | 요 | .
[발가요]

긁다

머리를 | 긁 | 어 | 요 | .
[글거요]

묽다

반죽이 | 묽 | 어 | 요 | .
[물거요]

갉다

쥐가 나무를 | 갉 | 아 | 요 | .
[갈가요]

-ㄼ아요 / -ㄼ어요

상대에게 높여서 말하는 경우에 쓰는 말이에요.

문장을 소리 내어 읽고, 낱말을 따라 써 보세요.

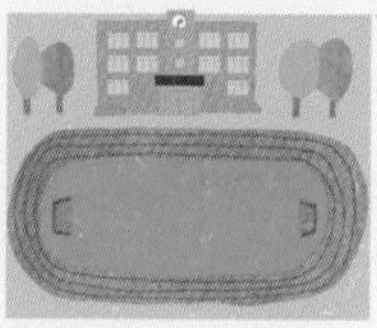

넓다

운동장이 넓어요.

[널버요]

넓어요는 받침 ㄼ 중에서 ㄹ은 그대로, ㅂ은 뒷말 첫소리로 소리 나므로 [널버요]라고 읽어요.

하지만 쓸 때에는 | 넓 | 어 | 요 | 라고 써요.

말꼬리가 넓어요 처럼 소리 나는 말을 따라 써 보세요.

얇다

두께가 | 얇 | 아 | 요 |.

[얄바요]

엷다

색깔이 | 엷 | 어 | 요 |.

[열:버요]

짧다

길이가 | 짧 | 아 | 요 |.

[짤바요]

떫다

감이 | 떫 | 어 | 요 |.

[떨:버요]

밟다

땅을 | 밟 | 아 | 요 |.

[발바요]

넓다

거실이 | 넓 | 어 | 요 |.

[널버요]

단단 받아쓰기

❼ 받침이 두 개인 말

받아쓰기 내용 듣기

정답 144쪽

불러 주는 말을 잘 듣고, 받아 써 보세요.

1

2

3

4

5

6

7

8

점검해 보기

틀린 문제	① ②	③ ④	⑤ ⑥	⑦ ⑧
더 공부해 봐요	22단 겹받침 ㄶ ㅀ	23단 겹받침 ㄺ ㄼ	24단 겹받침 ㄻ ㄾ	25단 겹받침 ㄳ ㄵ ㄿ ㅄ

얼마나 알고 있나요

문제를 풀면서 받아쓰기
실력이 얼마나 늘었는지
확인해 볼까?

- **1회** 1단 ~ 4단
  - ❶ 소리와 글자가 같은 말
- **2회** 5단 ~ 8단
  - ❷ 받침이 뒷말의 첫소리로 소리 나는 말
- **3회** 9단 ~ 15단
  - ❸ 받침이 대표 소리로 소리 나는 말
  - ❹ 받침의 뒷말 첫소리가 된소리로 소리 나는 말
- **4회** 16단 ~ 21단
  - ❺ 같거나 비슷한 소리가 나는 말
  - ❻ 소리와 글자가 다른 여러 가지 말
- **5회** 22단 ~ 25단
  - ❼ 받침이 두 개인 말

1회 1단~4단

빈칸에 알맞은 말을 골라 ○표를 하고 옮겨 써 보세요.

01  싱싱한 ______ 기르기

체수 | 채소 | 채오

02  ______ 타는 아이

그네 | 그내 | 근에

03 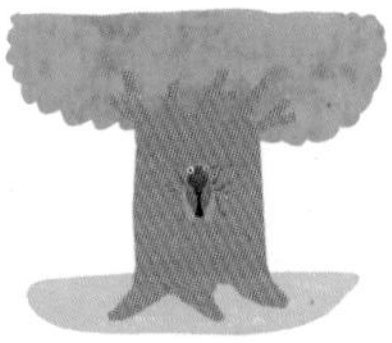 맴맴 노래하는 ______

메미 | 멤이 | 매미

04  사각사각 달콤한 ______

사가 | 사과 | 삭아

05  물을 뿜는 ______

붐수 | 붕수 | 분수

06  가뿐히 ______을 올라요.

계단 | 계란 | 개단

속 말을 바르게 고쳐 써 보세요.

07 칭구에게 줄 생일 선물 →

08 즐겁게 유치언에 가요. →

09 고소한 창기름 냄새가 나요. →

10 다람지 모양의 구름이 두둥실 →

11 맛있는 셍선을 구워 먹어요. →

12 넹장고에서 꺼낸 시원한 물 →

13 스래기통에 휴지를 버려요. →

14 기뻐서 짝짝짝 손벽을 쳐요. →

15 꾀꼴꾀꼴 깨꼬리가 노래해요. →

맞은 개수 점검해 보기

13~15개	9~12개	0~8개
아주 잘했어요!	잘했어요!	조금 더 노력해 봐요!

2회 5단~8단

빈칸에 알맞은 말을 골라 ○표를 하고 옮겨 써 보세요.

01 

재미있는 [ ][ ] 책

구거 | 국어 | 굳어

02 

[ ][ ] 산에 올라가요.

높은 | 노픈 | 놉은

03 

아기의 [ ][ ] 작아요.

소니 | 손이 | 손니

04 

달력을 [ ][ ] 걸어요.

벽에 | 벼게 | 베개

05 

[ ][ ][ ] 에서 놀아요.

놀이터 | 노리터 | 놀리터

06 

즐거운 [ ][ ] 소리

으막 | 음악 | 음막

속 말을 바르게 고쳐 써 보세요.

07 빨간색 양마를 신었어요. →

08 추우니까 문을 다다 주세요. →

09 기름이 무더서 손이 미끄러워요. →

10 시원한 바라미 불어와요. →

11 책꼬지에 책을 꽂아요. →

12 친구들의 우슴소리가 들려요. →

13 창바께 비가 주룩주룩 내려요. →

14 연필깎이로 연필을 까까요. →

15 글씨를 크게 써써요. →

맞은 개수 점검해 보기

13~15개	9~12개	0~8개
아주 잘했어요!	잘했어요!	조금 더 노력해 봐요!

3회 9단~15단

빈칸에 알맞은 말을 골라 ○표를 하고 옮겨 써 보세요.

01  [   ] 청소하는 아빠

부억 / 부엌 / 부얻

02  유리창을 깨끗이 [   ].

닥자 / 딱짜 / 닦자

03  아빠와 [   ]를 해요.

낙씨 / 낫씨 / 낚시

04  [   ]를 입고 요리해요.

압치마 / 앞치마 / 암치마

05  새근새근 [   ] 자는 아기

낮잠 / 낟짬 / 낮짬

06  [   ]이 아름다운 공작새

기털 / 긷털 / 깃털

속 말을 바르게 고쳐 써 보세요.

07 파릇파릇 색이 고운 잔디밧 →

08 장작불에 옥쑤수를 구워요. →

09 바람에 휘날리는 태극끼 →

10 된장꾹이 구수해요. →

11 종쏘리가 땡땡 울려요. →

12 강물에 사는 물꼬기 →

13 예쁜 꽃따발을 받았어요. →

14 빗빵울이 세차게 떨어져요. →

15 이불을 잘 덥꼬 자야지. →

맞은 개수 점검해 보기

13~15개	9~12개	0~8개
아주 잘했어요!	잘했어요!	조금 더 노력해 봐요!

4회 16단~21단

빈칸에 알맞은 말을 골라 ○표를 하고 옮겨 써 보세요.

01 

반짝반짝 ______ 보석

- 빈나는
- 빋나는
- 빛나는

02 

시원한 ______ 를 마셔요.

- 음료수
- 음뇨수
- 음요수

03 

______ 로 발을 씻어요.

- 수동물
- 수돈물
- 수돗물

04 

여름에는 ______ 가 최고야.

- 물놀이
- 물롤이
- 물로리

05 

오늘은 ______ 하는 날

- 불리수거
- 분리수거
- 분니수거

06 

우리 아파트 ______ 아저씨

- 괄리실
- 괄니실
- 관리실

속 말을 바르게 고쳐 써 보세요.

07 몽마른 강아지에게 물을 주어요. →

08 여기가 국립 방물관이에요. →

09 우리는 사이조은 친구예요. →

10 구슬을 상자에 너어 주세요. →

11 담을 높이 싸아 올렸어요. →

12 해도지를 보러 갔어요. →

13 바늘 끄치 아주 뾰족해요. →

14 하늘을 파라케 색칠해요. →

15 이 줄을 절대 노치 마라. →

맞은 개수 점검해 보기

13~15개	9~12개	0~8개
아주 잘했어요!	잘했어요!	조금 더 노력해 봐요!

빈칸에 알맞은 말을 골라 ○표를 하고 옮겨 써 보세요.

01  ______ 바이올린 줄

끈어진 / 끊어진 / 끙어진

02  넘어져도 울지 ______.

아나 / 않아 / 안아

03  길을 ______ 아이

읽은 / 일은 / 잃은

04  팔팔 ______ 된장찌개

끓는 / 끓는 / 끌른

05  팔뚝이 ______.

굵따 / 굴따 / 굵다

06  연필이 ______.

짤따 / 짧다 / 짭다

속 말을 바르게 고쳐 써 보세요.

07 튀긴 닥꼬기가 맛있어요. →

08 발을 발바서 미안해. →

09 강아지 여덜 마리 →

10 무거운 짐을 옴겨요. →

11 냄비에 달걀을 삼따. →

12 아이스크림을 할타 먹어요. →

13 소파에 편히 안자요. →

14 하늘이 맑아서 구름이 업써요. →

15 이 연필은 갑씨 얼마인가요? →

맞은 개수 점검해 보기

13~15개	9~12개	0~8개
아주 잘했어요!	잘했어요!	조금 더 노력해 봐요!

정답

1 소리와 글자가 같은 말

1단 12쪽 쏙쏙 골라 쓰기

① 맴맴 노래하는 (매미) 메미 — 매 미

② 아삭아삭 싱싱한 사가 (사과) — 사 과

③ 팔랑팔랑 날아가는 (나비) 납이 — 나 비

④ 따르릉 울리는 시개 (시계) — 시 계

12쪽 척척 고쳐쓰기

① 그 네　② 개 구 리

2단 15쪽 쏙쏙 골라 쓰기

① 나풀거리는 (머리카락) 머리카랔 — 머 리 카 락

② 맛있는 전역 (저녁) 식사 — 저 녁

③ 즐겁게 유치언 (유치원)에 가요. — 유 치 원

④ 딩동댕 울리는 (실로폰) 신노폰 — 실 로 폰

15쪽 척척 고쳐쓰기

① 선 물　② 오 렌 지

3단 18쪽 쏙쏙 골라 쓰기

① 달콤하고 부드러운 솜 사탕

② 야옹야옹 귀여운 고 양 이

③ 부릉부릉 달리는 자 동 차

④ 길게 자란 손 톱 다듬기

18쪽 척척 고쳐쓰기

① 참 기 름　② 지 갑

4단 21쪽 쏙쏙 골라 쓰기

① 펄쩍펄쩍 뛰는 메 뚜 기

② 코 끼 리가 어슬렁어슬렁

③ 빨 간색, 노란색, 알록달록 예쁜 색

④ 미끌미끌 신나게 미 끄 럼틀 타기

21쪽 척척 고쳐쓰기

① 날 짜　② 손 뼉

22쪽 통통 말 놀이터

① 의 사 → 사 자 → 자 동 차

② 생 선 → 선 물 → 물 컵

③ 조 개 → 개 미 → 미 끄 럼 틀

23쪽 통통 말 놀이터

① (도) 돈　② (벼) 별　③ (바) 밥

2 받침이 뒷말의 첫소리로 소리 나는 말

5단 28쪽 쿡쿡 원리 알기

(국어)

30쪽 골라 쓰기

간시글 (간식을)

1 맛있는 간 식 을 먹는 시간

방하글 (방학을)

2 며칠만 지나면 방 학 을 해요.

(레몬으로) 레모느로

3 레 몬 으 로 만든 새콤한 주스

오른소늘 (오른손을)

4 머리 위로 오 른 손 을 올려요.

30쪽 고쳐쓰기

1 손 이 2 학 용 품

6단 31쪽 원리 알기

(놀이터)

33쪽 골라 쓰기

무든 (묻은)

1 미끌미끌 기름이 묻 은 손

(길어요) 기러요

2 바지 길이가 길 어 요.

부리 (불이)

3 환하게 불 이 켜진 창문

(바람이) 바라미

4 시원한 바 람 이 불어요.

33쪽 고쳐쓰기

1 심 부 름 을 2 양 말 을

7단 34쪽 원리 알기

(웃음)

36쪽 골라 쓰기

1 주사를 — 마자요. / 맞아요. → 맞 아 요

2 이불을 — 덮어요. / 더퍼요. → 덮 어 요

3 저기가 — 부엌이야. / 부어키야. → 부 엌 이 야

4 이것이 — 비오시야. / 비옷이야. → 비 옷 이 야

36쪽 고쳐쓰기

1 높 임 말 2 빛 이

8단 37쪽 원리 알기

(묶음)

39쪽 골라 쓰기

1 이를 — 다까요. / 닦아요. → 닦 아 요

2 손톱을 — 까까요. / 깎아요. → 깎 아 요

3 글씨를 — 썼어요. / 써써요. → 썼 어 요

4 버스를 — 타써요. / 탔어요. → 탔 어 요

39쪽 고쳐쓰기

1 찼 어 요 2 깎 아 요

40쪽 통통 말 놀이터

1 군 인 2 녹 음

정답

③ 한 약 ④ 걸 음

41쪽 통통 말 놀이터

① 밭 ② 팥 ③ 숲
④ 잎 ⑤ 빛 ⑥ 숯

3 받침이 대표 소리로 소리 나는 말

9단 46쪽 콕콕 원리 알기

부엌

48쪽 쏙쏙 골라 쓰기

① 동 녘 ② 부 엌
③ 밖 ④ 닦 기

48쪽 척척 고쳐쓰기

① 들 녘 ② 낚 시

10단 49쪽 콕콕 원리 알기

무릎

51쪽 쏙쏙 골라 쓰기

① 숲 속 ② 앞 발
③ 덮 밥 ④ 무 릎

51쪽 척척 고쳐쓰기

① 앞 치 마 ② 헝 겊

11단 52쪽 콕콕 원리 알기

그릇

54쪽 쏙쏙 골라 쓰기

밥쏱 밥솥

① 밥이 가득 들어 있는 밥 솥

밑줄 밋쭐

② 중요한 내용에 밑 줄 을 그어요.

납추어 낮추어

③ 온도를 좀 더 낮 추 어 주세요.

가김치 갓김치

④ 갓 김 치 가 맛있게 익었어요.

54쪽 척척 고쳐쓰기

① 벚 꽃 ② 깃 털

55쪽 통통 말 놀이터

① 나물 / 맹물 → 나 물
② 대파 / 소파 → 소 파
③ 귀마개 / 병따개 → 귀 마 개

4 받침의 뒷말 첫소리가 된소리로 소리 나는 말

12단 60쪽 콕콕 원리 알기

떡국

62쪽 쏙쏙 골라 쓰기

① 내가 좋아하는 춘꾸 / (축구) — 축구

② 예쁘고 상냥한 (목소리) / 못소리 — 목소리

③ 문 앞에 놓여 있는 태빼 / (택배) — 택배

④ 길고 가느다란 (막대기) / 마때기 — 막대기

62쪽 척척 고쳐쓰기

① 태극기 ② 학교

13단 63쪽 콕콕 원리 알기

(눈사람)

65쪽 쏙쏙 골라 쓰기

① 바람이 시원한 창가

② 눈 위에 찍힌 발자국

③ 폭신폭신한 밀가루 반죽

④ 아름답고 푸른 눈동자

65쪽 척척 고쳐쓰기

① 눈사람 ② 발바닥

14단 66쪽 콕콕 원리 알기

(듣다)

68쪽 쏙쏙 골라 쓰기

① 목장에서 만난 젓쏘 / (젖소) — 젖소

② 할아버지의 도뽀기 / (돋보기) — 돋보기

③ 할머니께서 가꾸시는 (꽃밭) / 꼳받 — 꽃밭

④ 세차게 떨어지는 빋빵울 / (빗방울) — 빗방울

68쪽 척척 고쳐쓰기

① 팥빙수 ② 꽃다발

15단 69쪽 콕콕 원리 알기

(집게)

71쪽 쏙쏙 골라 쓰기

(밥솥) 밥쏟

① 김을 뿜고 있는 밥솥

입쑬 (입술)

② 크레파스로 입술 칠하기

종쏘리 (종소리)

③ 종소리가 땡땡땡!

(잎사귀) 입싸귀

④ 벌레가 파먹은 잎사귀

71쪽 척척 고쳐쓰기

① 접시 ② 옆집

72쪽 통통 말 놀이터

① 신발 → 발자국 → 국자

② 덮밥 → 밥솥 → 솥뚜껑

③ 꽃다발 → 발등 → 등불

정답

73쪽 통통 말 놀이터

① 앞사람 □ / 눈사람 ☑ / 선생님 □ → 눈 사 람

② 옷장 □ / 책장 □ / 쌈장 ☑ → 쌈 장

③ 박수 ☑ / 국수 □ / 생수 □ → 박 수

5 같거나 비슷한 소리가 나는 말

16단

78쪽 콕콕 원리 알기

(콧물)

80쪽 쏙쏙 골라 쓰기

① 콸콸 나오는 수동물 / (수돗물) → 수 돗 물

② 투표로 뽑은 (대통령) / 대통녕 → 대 통 령

③ 학교 앞 버스 정뉴장 / (정류장) → 정 류 장

④ 텃밭에서 따 온 깬닙 / (깻잎) → 깻 잎

80쪽 척척 고쳐쓰기

① 콧 물 ② 옛 날

17단

81쪽 콕콕 원리 알기

(난로)

83쪽 쏙쏙 골라 쓰기

① 약국에서 산 알약 V 알략 □ → 알 약

② 재활용 쓰레기 불리수거 □ 분리수거 V → 분 리 수 거

③ 손이 따뜻해지는 손난로 V 손날로 □ → 손 난 로

④ 강아지 전문 훌련소 □ 훈련소 V → 훈 련 소

83쪽 척척 고쳐쓰기

① 물 난 리 ② 관 람

18단

84쪽 콕콕 원리 알기

(막내)

86쪽 쏙쏙 골라 쓰기

① 하얗게 피어 있는 목 련

② 아주 맛있는 찌개 국 물

③ 밥 맛 이 꿀맛이에요.

④ 우리는 모두 대한민국 국 민 이에요.

86쪽 척척 고쳐쓰기

① 회 전 목 마 ② 식 물

87쪽 통통 말 놀이터

① 콧 물 ② 촛 불

③ 배 춧 잎 ④ 빗 소 리

6 소리와 글자가 다른 여러 가지 말

19단 92쪽 콕콕 원리 알기

(넣어요)

94쪽 쏙쏙 골라 쓰기

나은 (낳은)

① 어미 개가 | 낳 | 은 | 예쁜 강아지들

(좋아요) 조아요

② 세상에서 엄마가 제일 | 좋 | 아 | 요 |.

따아 (땋아)

③ 머리를 길게 | 땋 | 아 | 주세요.

(쌓아서) 싸아서

④ 모래주머니를 | 쌓 | 아 | 서 | 물을 막아요.

94쪽 척척 고쳐쓰기

① | 찧 | 어 | 서 | ② | 넣 | 은 |

20단 95쪽 콕콕 원리 알기

(맏이)

97쪽 쏙쏙 골라 쓰기

① 뒷마당에 | 채 | 소 | 밭 | 이 | 있어요.

② 바늘 | 끝 | 이 | 뾰족해요.

③ 드라마를 보고 | 코 | 끝 | 이 | 찡해졌어요.

④ 여기가 이모네 | 포 | 도 | 밭 | 이 | 야 |.

97쪽 척척 고쳐쓰기

① | 같 | 이 | ② | 등 | 받 | 이 |

21단 98쪽 콕콕 원리 알기

(낳다)

100쪽 쏙쏙 골라 쓰기

노치 (놓지)

① 절대로 손을 | 놓 | 지 | 마.

(굽혀) 구펴

② 무릎을 좀 더 | 굽 | 혀 | 주세요.

(어떻게) 어떠케

③ | 어 | 떻 | 게 | 해야 할까?

(묻힌) 무친

④ 설탕을 | 묻 | 힌 | 도넛

100쪽 척척 고쳐쓰기

① | 좋 | 다 | ② | 넣 | 기 |

101쪽 통통 말 놀이터

① (빛)이 (나다) → | 빛 | 나 | 다 |

② (겁)이 (나다) → | 겁 | 나 | 다 |

③ (목)이 (마르다) → | 목 | 마 | 르 | 다 |

④ (배)가 (고프다) → | 배 | 고 | 프 | 다 |

⑤ (배)가 (부르다) → | 배 | 부 | 르 | 다 |

7 받침이 두 개인 말

22단 106쪽 콕콕 원리 알기

[만:코] — (많고) / 맗고

[끌타] — 끓다 / (끊다)

정답

108쪽 쏙쏙 골라 쓰기

만이 (많이)
① 밥을 너무 | 많 | 이 | 먹었어요.

(옳지) 올찌
② | 옳 | 지 | 않은 행동을 하지 마세요.

시러요 (싫어요)
③ 맛이 쓴 약을 먹기 | 싫 | 어 | 요 |.

(끓는) 끌른
④ 보글보글 | 끓 | 는 | 구수한 된장찌개

108쪽 척척 고쳐쓰기

① | 끊 | 어 | 진 |　② | 잃 | 은 |

23단 109쪽 콕콕 원리 알기

[일끼] — 일기 / (읽기)

[널버] — 넓이 / (넓어)

111쪽 쏙쏙 골라 쓰기

(찰흙) 차륵
① | 찰 | 흙 | 으로 만든 토끼

닥꼬기 (닭고기)
② 오늘 저녁에 | 닭 | 고 | 기 | 를 먹어요.

(까닭) 까달
③ 친구가 우는 | 까 | 닭 | 이 궁금해요.

발바서 (밟아서)
④ 발을 | 밟 | 아 | 서 | 미안해.

111쪽 척척 고쳐쓰기

① | 맑 | 아 | 요 |　② | 짧 | 다 |

24단 112쪽 콕콕 원리 알기

[살마] — 삶다 / (삶아)

[할타] — (핥아) / 핥고

114쪽 쏙쏙 골라 쓰기

① 달걀을 — 삼아요. / 삶아요. → | 삶 | 아 | 요 |

② 아침을 — 굶었어요. / 굴멌어요. → | 굶 | 었 | 어 | 요 |

③ 짐을 — 질머져요. / 짊어져요. → | 짊 | 어 | 져 | 요 |

④ 그릇을 — 핥아요. / 할타요. → | 핥 | 아 | 요 |

114쪽 척척 고쳐쓰기

① | 닮 | 다 |　② | 굶 | 어 | 서 |

25단 115쪽 콕콕 원리 알기

[목] — 몫 / (몫)

[안자] — (앉아) / 않아

116쪽 콕콕 원리 알기

[을퍼] — (읊어) / 읊고

[업:써] — (없어) / 엎어

118쪽 쏙쏙 골라 쓰기

① 손을 허리에 | 얹 | 고 있어요.　없 (얹)

② 이것은 내 | 몫 | 의 피자야.　(몫) 몪

③ 의자에 앉아 | 앉 | 은키를 재요.　않 (앉)

④ 물건 값 이 얼마인가요? — **값** 갃

118쪽 척척 고쳐쓰기

① 업 고 ② 없 어 요

119쪽 통통 말 놀이터

① **없다** 얽다 → 없 다

② 끓다 **끊다** → 끊 다

③ **얇다** 핥다 → 얇 다

얼마나 알고 있나요

124쪽 1회 1단~4단

01 싱싱한 채 소 기르기 — 체수 **채소** 채오

02 그 네 타는 아이 — **그네** 그내 근에

03 맴맴 노래하는 매 미 — 메미 멤이 **매미**

04 사각사각 달콤한 사 과 — 사가 **사과** 삭아

05 물을 뿜는 분 수 — 붐수 붕수 **분수**

06 가뿐히 계 단 을 올라요. — **계단** 계란 개단

125쪽 1회 1단~4단

07 친 구 08 유 치 원

09 참 기 름 10 다 람 쥐

11 생 선 12 냉 장 고

13 쓰 레 기 통 14 손 뼉

15 꾀 꼬 리

126쪽 2회 5단~8단

01 재미있는 국 어 책 — 구거 **국어** 굳어

02 높 은 산에 올라가요. — **높은** 노픈 놉은

03 아기의 손 이 작아요. — 소니 **손이** 손니

04 달력을 벽 에 걸어요. — **벽에** 벼게 베개

05 놀 이 터 에서 놀아요. — **놀이터** 노리터 놀리터

06 즐거운 음 악 소리 — 으막 **음악** 음막

127쪽 2회 5단~8단

07 양 말 을 08 닫 아

09 묻 어 서 10 바 람 이

11 책 꽂 이 12 웃 음 소 리

13 창 밖 에 14 깎 아 요

15 썼 어 요

128쪽 3회 9단~15단

01 부 엌 청소하는 아빠 — 부억 **부엌** 부얶

02 유리창을 깨끗이 닦 자. — 닥자 딱짜 **닦자**

03 아빠와 낚 시 를 해요. — 낙씨 낫씨 **낚시**

04 앞 치 마 를 입고 요리해요. — 압치마 **앞치마** 암치마

05 새근새근 낮 잠 자는 아기 — **낮잠** 낟짬 낮짬

06 깃 털 이 아름다운 공작새 — 기털 긷털 **깃털**

정답

129쪽 3회 9단~15단

07	잔디밭	08	옥수수
09	태극기	10	된장국
11	종소리	12	물고기
13	꽃다발	14	빗방울
15	덮고		

130쪽 4회 16단~21단

01 반짝반짝 빛나는 보석 (빈나는 / 빋나는 / **빛나는**)

02 시원한 음료수를 마셔요. (**음료수** / 음뇨수 / 음요수)

03 수돗물로 발을 씻어요. (수동물 / 수돈물 / **수돗물**)

04 여름에는 물놀이가 최고야. (**물놀이** / 물롤이 / 물로리)

05 오늘은 분리수거 하는 날 (불리수거 / **분리수거** / 분니수거)

06 우리 아파트 관리실 아저씨 (괄리실 / 괄니실 / **관리실**)

131쪽 4회 16단~21단

07	목마른	08	박물관
09	사이좋은	10	넣어
11	쌓아	12	해돋이
13	끝이	14	파랗게
15	놓지		

132쪽 5회 22단~25단

01 끊어진 바이올린 줄 (끈어진 / 끓어진 / **끊어진**)

02 넘어져도 울지 않아. (아나 / **않아** / 안아)

03 길을 잃은 아이 (읽은 / 일은 / **잃은**)

04 팔팔 끓는 된장찌개 (끊는 / **끓는** / 끌른)

05 팔뚝이 굵다. (굵따 / 굴따 / **굵다**)

06 연필이 짧다. (짤따 / **짧다** / 짭다)

133쪽 5회 22단~25단

07	닭고기	08	밟아서
09	여덟	10	옮겨요
11	삶다	12	핥아
13	앉아요	14	없어요
15	값이		

자르는 선

단단 받아쓰기 내용 보기

QR 코드 대신 학부모께서 불러 주는 말로 사용해도 좋아요.

26쪽 1 소리와 글자가 같은 말

1. 피아노 소리
2. 소나기가 내려요.
3. 노란 호박
4. 기어가는 거북
5. 고소한 참기름 냄새
6. 콩나물 잡채를 냠냠
7. 딸기와 빵
8. 신나게 미끄럼틀 타기

44쪽 2 받침이 뒷말의 첫소리로 소리 나는 말

1. 손이 작아요.
2. 간식을 먹어요.
3. 바람이 불어요.
4. 선물을 받아서 기뻐요.
5. 주사를 맞아요.
6. 높임말을 써요.
7. 채소를 볶아요.
8. 버스를 탔어요.

58쪽 3 받침이 대표 소리로 소리 나는 말

1. 우리 집 부엌
2. 낚시하러 가요.
3. 앞치마를 입어요.
4. 앞쪽으로 내민 무릎
5. 숲속으로 가요.
6. 숯불갈비를 먹어요.
7. 초콜릿과 비스킷
8. 밑줄을 그으세요.

76쪽 4 받침의 뒷말 첫소리가 된소리로 소리 나는 말

1. 학교 숙제
2. 옥수수를 먹자.
3. 손바닥과 발바닥
4. 강가에서 본 물고기
5. 밑줄 치고 숫자 쓰기
6. 선물로 받은 꽃다발
7. 고맙다는 인사
8. 옆집에 이사 온 친구

정답

자르는 선

90쪽 **5 같거나 비슷한 소리가 나는 말**

1. 자꾸 나오는 콧물
2. 흔들거리는 윗니
3. 옛날에 한 거짓말
4. 한라산에 사는 산신령
5. 분리수거가 편리해요.
6. 관리실에 볼일이 있어.
7. 국립 박물관에 가요.
8. 식물이 자라는 앞마당

104쪽 **6 소리와 글자가 다른 여러 가지 말**

1. 사이좋은 친구
2. 구슬을 넣은 상자
3. 엉덩방아를 찧어요.
4. 나랑 같이 가자.
5. 해돋이를 보러 가요.
6. 손을 놓지 마세요.
7. 파랗게 물든 손
8. 물고기가 잘 잡힌다.

122쪽 **7 받침이 두 개인 말**

1. 밥이 많아요.
2. 길을 잃은 아이
3. 책을 읽어요.
4. 길이가 짧은 연필
5. 달걀을 삶아 먹어요.
6. 그릇을 핥아요.
7. 긴 소파에 앉아요.
8. 구름이 없는 하늘